沒有離不開的關係

떠날 수 없는 관계는 없습니다

寫給即使傷痕累累，
還是放不下那段關係的你

父母、伴侶、朋友，
那些人與人之間的關係，怎麼走著走著就走偏了？
明明覺得不幸卻又離不開……
期盼透過心理學視角，帶你走出煩惱的關係。

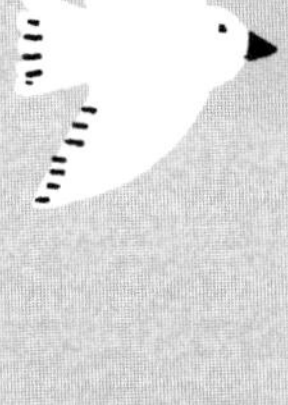

林雅永——著　張雅眉——譯

CONTENTS

3. 即使是自己選擇的關係，也不需要擔負全部的責任

4. 與自己和解並建立好的關係

序

「你是什麼樣的人？」

有人這樣問時，你腦中會浮現什麼樣的答案？我應該會先從我在做的事情開始介紹，也就是回答：「我是臨床心理學專家。」雖然這個自我介紹聽起來很無聊，但我挺滿意的。因爲這是我自己的選擇，我也非常喜歡，而且過去拚命讀書、工作的歲月，讓我相當自豪。

除此之外，我幾乎半輩子的時間都投資在攻讀心理學上，所以我個人的定位也難以和心理學切割開來。從高中不明所以地對心理學著迷，因而不顧父母的反對向心理學系遞出入學申請書後，一直到現在，我所有的選擇都繞著「臨床心理學」運轉。

不過，直到我熱愛這工作、從中獲得自信之前，還是經歷了非常多難關和內在的衝突。臨床心理對大眾來說，並非耳熟能詳的領域。所以有些人聽到我的介紹後會反問：「臨床心理？那是在做什麼的？」我曾經爲人們的反應感到難過。我非常喜歡這個工作，而且投入了大量的時間和努力，但在社會上卻不太能得到認可，一想到這裡，我就垂頭喪氣、意志消沉。

我曾經想過：「如果當初選擇更光鮮亮麗的職業，是不是就能擺脫這種自卑感？」然而，卽使如此，我依然持續學習並從事這項工作。這是因爲比起其他東西，我最喜歡的還是這項工作的本質：

「深入探究並理解人類的內心」。

之前我被自我中心的觀念給困住了。明明一開始選擇這條路就不是爲了享受榮華富貴，我卻還在發牢騷：「我付出了多少努力，不是就應該得到多少回饋，得到多少來自社會的認可嗎？」而且還自以為理當要受到他人的禮遇。

我只是盡到自己的責任罷了，旁觀的他人才是主體。如果我做的事對他人有益，自然會聽到正面的評價；如果我做的事對他人有害，自然就會聽到負面的評價，而且大部分的人都忙著過自己的生活，和我沒什麼太大的關聯。在這種狀況下，當然無法根據我的喜好來改變他們的想法和內心。

然而我卻在使性子，期待能得到超乎我應得的程度。姑且不論我是否對他人的生活有所貢獻，我只不過是想要享受職業帶來的光環罷了。如果想要的是光環，就應該選擇有光環的道路，付出相對應的努力才對。不過，是我自己從一開始就選擇了這條完全不同的道路。

想到這裡，我才得以用新的觀點來檢視自己。沒有人強迫我做這件事，我又有什麼好失望的？同時也自我反省，我對他人的事情其實也關心不多、瞭解不深。另外，我心中還稍微萌生了一點使命感，覺得若想讓更多人認識臨床心理學，就應該由臨床心理學家來邁出步伐、走進社會才對。

後來，當人們表露關心，問我臨床心理學是什麼時，我都覺得很感謝，而且會這樣回覆他們：「臨床心理是研究並診斷人類的精神健康和精神病理，然後給予治療的心理學專門領域。目的是幫助人們理解自己並成長。」

由於職業的特性，我見過許多心裡承受痛苦，或是遭遇人生危機的人。跟這些人見面時，我體悟到人生的痛苦既獨特又普遍。每個人都不一樣，所以會帶給彼此傷害，而且對自己和他人的不滿也會變多。「我爲什麼這樣？」「那個人到底爲什麼那樣？」「爲什麼只有我遭遇這種不幸？」很難擺脫這種想法。

然而特別殘酷或不尋常的經驗，並非專屬於你的悲劇。身爲臨床心理學家，我所經歷的苦惱，其他人或許很難理解，不過稍微擴大範圍來看時，做出後悔的選擇，或是因比較產生的自卑感，其實是任誰都可能遇到的煩惱。

陷入自身的痛苦時，雖然看不見周遭事物，但只要稍微退一步再看，就會發現每個人都有自己的故事。世界沒理由對你特別寬容，也沒理由特別捉弄你。所以我想，或許是因爲痛苦很普遍，我們才能理解彼此，也才能安慰彼此。

我們人生的開始並非出於自己的意志，而且不論好壞，都有個要繼續活下去的任務。雖然所有人都面臨相同的命運，必須持續度過被賦予的人生，但沒有任何一個人的人生與他人相同，一百種人生就有一百種型態和樣貌。要將自己的人生建造成什麼模樣、塗上什麼顏色，爲此煩惱做並出選擇，就是臨床心理學家在做的事，但其實這也是所有人類最終都會面臨的問題，也是人在活著的時候，每天都在思考的問題。

我只不過是稍微多花些時間，熟悉專業知識和技術罷了。因此，本書所收錄的內容，可以說是以臨床心理學的知識爲基礎，來回答每個人都曾經歷過的苦惱和問題。

對部分的人來說，這些答案可能很常見又老套。事先說明，這是因爲我的人生並不特別，而且我也尚未累積足夠的資歷和見識，促使我有什麼非凡的發現。不過，面對這樣的不足，比起感到羞愧，我更樂於說出口，與許多人一起談論、溝通。因爲這麼做，能使我人生的模樣和色彩變得更令人滿意。而這個選擇所帶來的成果，最後被編撰成一本書，在世上出版了。

這本書記錄的是一段旅程，在過程中我們正視自己和他人的模樣，觀察自己是什麼樣的人，並且思考什麼才是活得像自己。依附（attachment）指的是照顧者和幼兒之間的情感關係，關於自己是誰、他人是何種存在等等的心智表徵，最初便是於此階段形成的。同時，依附也作爲自主性、情緒調節、人際關係及後設認知發展的基礎。因此本書將會探討，難以在安全依附關係中建立關於「我是誰」的綜合自我認同的人，所會面臨的各種問題，例如：自主性不足、情緒調節及人際關係困難、陷入負面思考等，會以這些課題爲中心，探討依附的本質與改變的可能性。

第一章會談到脫離父母的心理上的獨立，第二章會說明認知自我情緒並適當表現的重要性，第三章會探討在關係中守護自我中心的同時，又不失去與他人連結感的方法。而最後一章則會討論不否認自我想法和經驗，觀察並呈現原貌的方法。

當然，人生初期經歷的不安全依附關係，並非導致心理問題的唯一因素。可能還有許多本書沒提到的原因和解決方法。另外，以依附關係爲基礎來追溯我們的過去，並不是要責怪不幸的過去，也不是要責怪未能形成良性依附關係的父母。

雖然如此，我們還是要關注依附關係，因爲依附和許多心理學作用都有關聯。對依附的瞭解會成爲線索，幫助你廣泛地認識自己，也極有可能幫助你超越遺傳和環境的因素，藉由努力和主動介入來形成新的依附關係。因此，本書不僅會帶你回顧過去，揭發心理問題產生的原因，還會爲了讓你活出眞正的自我，而一同檢視該如何重組你的人生經驗。

希望在這趟旅程的盡頭，各位都能找到自身問題的答案，另外也能觸碰到那顆雖然總是相伴左右，卻時常被冷落的內心。

＊本書中引用的案例都已經過改寫。

前言
人會改變嗎？

來接受心理治療的人，以及對心理治療抱持懷疑的人，經常會問以下這個問題：「人會改變嗎？」這問題包含了人們對生物學遺傳因子、天生的本性、決定好的命運、被賦予的環境、無法擺脫的枷鎖等的挫敗感，同時也蘊含著想成爲他人的欲望，或是按照自己喜好改變他人的控制欲。

古希臘德爾菲的阿波羅神殿裡刻了一句話：「認識你自己。」這句子之所以成爲精神分析的課題，是因爲要正視自己原本的模樣其實相當困難。是什麼遮住了你內心的眼睛，導致你看不清自己是誰？認清自己的原貌爲什麼會那麼可怕？另外，能確實看清自己是誰的鏡子，又該去哪裡尋找呢？

人生中最先映照出你樣貌的鏡子，就是你的父母。對於只能仰賴父母生存的幼兒來說，父母就是全世界，就是整個宇宙。大多數的父母都愛孩子，並且懷抱善意，希望能給孩子好的東西。然而，愛孩子和傾聽孩子的心聲，是兩件不同的事。傾聽他人說話，意味著爲了瞭解對方是什麼樣的人而付出努力。那份努力必須有個前提：「雖然是我的孩子，但他們可能跟我不同。雖然是我的孩子，但我可能不太瞭解。」要能像這樣承認自己的無知，並且將孩子看作獨立的個體。「我不太瞭解你」、「我看到的並非全部」，這類承認自身無知的觀念，等於是讓孩子擁有成爲自己的自由。

令人惋惜的是，父母並非全人，所以他們不太清楚自己是什麼樣的人。父母極有可能承襲了不可抗拒的枷鎖，很少有人能付出自己未曾得到的東西。因此，無關乎父母對孩子的愛，他們都很可能在不知不覺中，將自身的匱乏和自卑、尚未完成的課題等，寄託到孩子身上。「你是這樣的人吧？」「你要成爲這樣的人！」「你不會讓我失望吧？」「媽媽爲你犧牲這麼多！」他們會用這類的言語，在孩子的心中圍出心理上的柵欄。

有很多時候，自己眞正的模樣，跟被父母及社會貼上標籤，定義出來的假的模樣並不一致。這種時候產生的距離感，就是造成精神疾病的原因。如果父母因爲孩子不符合期待而看不起孩子、貶低孩子，就會在他們的自尊心上劃出傷口。不過，天花亂墜地誇耀自己的孩子，甚至相信那就是事實，還持續地一再吹捧，也是一種否認孩子本身存在的態度。

有位少女長期受原因不明的頭痛所擾，而且進入青春期時，體重還急遽下降。她輾轉看了神經科和內科，還是找不到醫學上的原因，最後才到精神科看診。「我女兒總是考第一名。我們總是叮嚀她不要一直讀書，早點睡覺。眞的不知道她爲什麼會這樣。」在媽媽的擔心中，還隱含了炫耀的口氣。等媽媽離開座位，少女才用一副吐露重大祕密的語氣跟我說：「醫生……我其實都熬夜讀書，而且也不是每次都考第一名。」

有些父母爲了建立自己在社會上的威信，或者爲了彌補自己缺乏的部分，而把孩子的成就和外貌當作自己的獎盃，在這種父母的懷抱中成長的孩子，猶如頭戴沉重王冠般，承受著龐大的壓迫感。其中期盼得到父母的認可及關愛的孩子，甚至會惴惴不安，擔心自己如果無法成爲父母的驕傲，隨時都會被拋棄。這種壓迫感大多會折磨孩子的一生，轉變成再怎麼努力都無法實現的目標。他們終其一生都會持續鞭策自己，不論獲得什麼成就，在他們內心深處都很難眞正感到滿足。

他們即使成功，內在仍是一片荒蕪，因爲映照他們內在的鏡子已經扭曲。就算他們看似獲得了偉大的成就，其內在的鏡子還是會持續映照出外面世界的理想型「白雪公主」，拿來與自己比較，使自己變得很寒酸。就算這樣，那面鏡子對他們來說依舊是絕對的標準，所以他們從沒想過要否認鏡子映照出來的結果。他們反而會找遍所有沾染在身上的灰塵，想盡辦法用更帥氣、更有模有樣的包裝紙來掩飾自己。

當然，這場悲劇的責任，並非都在父母身上。如同父母將自己的幻想套在孩子身上那般，孩子也將比實際更沉重、更悲壯的幻想套在父母身上。父母傳承給孩子的扭曲，會在孩子的心中扭曲得更嚴重。即使孩子長大成人，父母不再對孩子的人生造成重大影響，孩子內在那面扭曲的鏡子還是會持續映照出過往的模樣。當孩子終於對父母控訴他們從父母身上受到的傷害時，大多數的父母都會說：「我並沒有那個意思。」

和父母一樣，孩子也無法接受「我還不瞭解我爸媽是什麼樣的人」、「我可能沒看見爸媽全部的樣貌」這類的想法。在孩子的心中，父母已經定型成過去具有絕對權威的模樣。在這種關係中，父母和孩子無法正視彼此原來的模樣，兩者之間的平行線間距也無法縮短。雖然非常相愛，卻不認識彼此，還有比這更曲折的關係嗎？延續這個脈絡，父母離開世上後，孩子之所以感到後悔與自責，或許是體悟到自己「連一瞬間都不曾將父母當作人來理解」。

有些人看不慣心理治療將無法改變的過去和父母的過錯攤開來看。然而，心理治療的目的不在於責怪過去或是埋怨父母。深植各種心理治療理論的共同根基就是「治療靈魂」。精神分析學的創始人西格蒙德・弗洛伊德（Sigmund Freud）說，精神分析的目的在於以對自己的洞察爲基礎，興起「兒童教育的改革」。分析心理學的創始人卡爾・古斯塔夫・榮格（Carl Gustav Jung）說：「父母能給孩子最棒的禮物，就是過好自己的生活，並允許孩子活出自己的樣貌。」

他們共同的期望就是人們能取下父母套在自己身上的枷鎖，並且爲自己的孩子成爲完整的父母。若要做到這點，必須接受一項事實，那就是自己有責任將自己教養成完整的人。完整並非完美，能接受自己的不完美、不確定、扭曲且不足的模樣，才是完整。要瞭解自己，備好能完整映照出自己的鏡子，才能避免將自己扭曲的視線種在孩子心中，導致他們發展出虛假的自我。

再回到最前面的內容。「人會改變嗎？」關於這個問題，心理治療的答案如下：「心理治療不會讓你變成另一個人，而是在過程中讓你成爲自己。」聽說眾神創造人類時，曾討論過應該將人生的解答放在哪裡。有的說要放在山頂上，有的說要放在地球中心，有的說要放在海底下，雖然有各式各樣的意見，但都因爲很容易被發現而遭到駁回。那時，有位神說：「將人生的解答放在他們自己裡面吧！他們終究無法找到答案。」聽說眾神都同意了。關於自己的解答當然在自己裡面，爲了找到答案，不得不誠實面對自己。

活出自己的樣式的確很困難。當你不曉得自己是誰，不曉得該如何生活，恐懼與茫然一同席捲而來時，你或許只能擁有無知的自由，跟自己說：「我所瞭解的自己有可能不是我的全貌。」「一邊生活一邊認識自己吧！」

1.

無法選擇的「家庭」關係

雖然人生的開始不是自己選的，但你可以……

世上發生的許多事情都沒有特別的理由，而決定人生方向的條件，也有很多純粹是完全隨機、任意生成的產物，這被稱作偶然或是命運。其中，「誕生在什麼樣的家庭」就屬於人生這場遊戲的第一條岔路。「請讓我誕生在這世上吧！」沒有人是主動提出這樣的要求才出生的。同理，也沒有人可以選擇自己要遇到什麼樣的父母。然而，無關乎我們的選擇權，這些條件都會對我們的人生產生重大影響。遺傳自父母的基因特質及養育環境，父母的品性、經濟能力和學歷等，這些在個人早期

的發展和人格養成方面，有非常深遠的影響。

持續尋找自己的起源時，勢必會對父母產生又愛又恨的矛盾情緒。不過，每個人正面情緒和負面情緒所占的比例都不一樣。有的人對父母的愛、感謝與尊敬占較大的比重；有的人對父母的埋怨、憤怒和憎恨占較大的比重。在後者的心中，可能藏有一個疑問：「爸媽如果更愛我，我是不是就能成爲更幸福、更健康的人？」說不定你現在之所以閱讀這本書，正是爲了解開這個深植於心中的疑問。

你其實是有選擇的

你以現在的模樣度過生活，並不全是「因爲」父母的關係。瞭解父母對自己造成的影響和將責任推卸到父母身上，是完全不同層次的問題。追溯與父母建立的關係屬性，改變愛怪罪父母及外部因素的心態，找回人生的主導權。

其實我們對超出選擇範圍的偶然所產生的不滿，並不僅限於父母的議題。先天的障礙、絕症、意外事故、戰爭等，在現實中，充斥著個人無法掌控的不幸。就算運氣好躲過了一些，實際上也無法避開人生中遭遇的所有悲劇。從這個角度來看，人生就像一場悲劇，過程中挑戰接踵而來，全都不可預測但卻會左右你的命運，最後還一路帶你走向死亡。

不過，並非所有左右人生的要素我們都無法掌控。雖然我們的誕生不是出於自己的意志，遭遇不幸也不符合我們的期盼，但面臨悲劇時，我們還是握有選擇權。「爲什麼這種事偏偏發生在我身上？」我們是要困在過去的不幸中，緊咬著這個想法不放，還是要接受命運，繼續開拓自己的人生？

雖然這人生不是我們自己選的，但還是要憑靠意志力生活下去，這或許就是全人類的宿命。從這個觀點來看，人生的起點和終點，生與死，對每個人來說都是公平的。只不過隨著我們用多成熟的態度來接受不可掌控的要素，會左右我們是否能按照自己的意志將連接起點和終點的中間階段著色，並且獲得「這樣的人生也還不錯」的滿足感。

親子關係也無法選擇，是如同命運般被賦予的，所以我們的任務就是要擺脫命運，活出自己的人生。古老傳說中的英雄幾乎都沒有父母，或是遭到父母拋棄，他們往往飽受風雨摧殘，獨自探索未知的世界。也經常能看見故事中的主角離開患病或身陷困境的父母，踏上自己的人生旅途。走過漫長的冒險之路，突破各種難關，最後終於抵達目的地。在那裡，他們手中握著的自由的鑰匙究竟是什麼？

完成心理獨立，是一切的解答

那就是脫離父母的「心理上的獨立」，亦即全人類所面臨的根本課題的解答。不論父母是什麼樣的人，不論他們對我們造成了什麼樣的影響，身爲成人，我們都應該走出父母的羽翼，自己選擇自己的人生並負起責任。要連根拔起，承擔獨立生活的重量，才不會活在父母的陰影下，而能擁有自由的意志。

假如你對父母的埋怨和憤怒太龐大，心裡總是覺得很煎熬，認爲人生都被父母毀了，或是覺得父母應該爲過去的錯誤道歉，這樣自己才能繼續好好生活，那麼你就算和父母分居，在心理上還是持續受到他們的支配。甚至就算你擁有偉大且值得尊敬的父母，而且他們的性格沒什麼瑕疵，你也還是很難從父母的陰影下獲得自由。被父母的豐功偉業掩沒，一輩子都畏畏縮縮；在別人的記憶中，總是某某的兒子或女兒；滿足父母的期待變成人生唯一的目標，有這些狀況的人在心理上都等於是沒有獨立成功。

心理上處於從屬狀態時，很難同時對從屬對象抱有愛意與恨意。「媽媽覺得我毀了她的人生」、「爸爸沒什麼成就」，當人們說出這些話時，心中受父母關愛與照顧的記憶也已然崩塌。他們無法相信有好的資質在自己的血液中流淌，也無法相信確實存在體內的愛意與憐憫。相反地，「媽媽為我犧牲了一輩子」、「爸爸是我無法越過的高山」，這種將父母理想化的狀況也是一樣，這類型的人可能會否認父母身而為人的界線和他們犯下的失誤，也可能會逃避他們所造成的傷口和匱乏。

他們在心中用黑白兩個對立的極端來判斷父母的行為時，沒辦法清楚看見父母實際的樣貌。要完成心理上的獨立，擺脫父母的影響，才能正視父母，明白他們是優缺點共存的人類。那麼，要如何才能做到心理上的獨立？我曾經問過同樣的問題。

那時我找到的答案是：「穩定就能分離。」

擁有安全依附關係

做到心理上獨立的前提是，擁有以安全依附關係爲基礎的安全堡壘（secure base）。依附指的是幼兒和照顧者之間的情感關係。幼兒之所以能離開媽媽的懷抱，主動探索環境、盡情玩樂，是因爲他覺得自己和媽媽連結在一起，他隨時都有地方能回去。也就是說，因爲連結在一起所以可以分離，而分離後還可以重新連結起來。

爲了觀察依附關係的品質，發展心理學家瑪麗・愛因斯沃斯（Mary Ainsworth）設計了陌生情境測驗，該實驗結果很清楚地呈現出連結與分離的屬性。媽媽和幼兒一起進入陌生的實驗室，過一陣子後媽媽先離開，幼兒則和陌生人一起留在實驗室裡。不久後媽媽回來，然後再重跑一次同樣的程序。在過程中觀察幼兒處於不同情境下的反應，然後將依附類型區分成安全型和不安全型。安全型依附的幼兒有媽媽陪在身旁時，會活力充沛地探索陌生的環境，後來媽媽離開，與陌生人一同留在房間時，幼兒會感到慌張。然而，不久後媽媽回來，幼兒又會再次開始探索環境，專心玩耍。

不安全型依附的幼兒則連一瞬間都不想與媽媽分離，媽媽離開後就會變得相當不安，而媽媽回來後也不容易被安撫。這種孩子被歸入不安全依附中的焦慮／矛盾類型。另外一種不安全型依附的幼兒會迴避或無視媽媽，即使媽媽回來，也沒有什麼情緒上的反應。不過，與他們冷漠的表情相反的是，實驗結束後，他們壓力荷爾蒙——皮質醇的指數大幅升高，由此可知他們其實正處於非常不安的狀態。這種孩子被歸入不安全依附中的逃避型依附。不安全型依附的孩子沒辦法走入世界或者與他人建立連結，因爲他們沒有能安放不安情緒的安全堡壘。

重點是，名爲依附的情感關係，只有在照顧者讓孩子獨立，將孩子當作同等的個體來對待時才能成立。健康的依附關係指的不是兩人猶如同副身軀般一起過生活，也不是兩人完全分開來生活，而是雙方能夠面對彼此，心意相通。爲此，照顧者和孩子必須保持適當的距離。

孩子因爲重要考試失利而傷心難過時，跟著食不下嚥；臥病在床的父母，正處於無法將自己和孩子區隔開來的狀態，他們認爲孩子的失敗就是自己的失敗，所以比起關心孩子的情緒，他們更爲自己的悲傷所苦。與此相反，有些父母在孩子難過時不詢問理由，或是撇清關係：「考不好是你自己的問題，你應該要控制好情緒！」在這種情境中，照顧者和孩子的內心沒有交集，各自活在被隔絕的世界裡。

在安全依附的關係中，父母雖然會回應孩子的情緒，但不會將自己的情緒和孩子的情緒混爲一談。「很難過吧？看你這麼失望，媽媽心裡也不好受。不過你會難過，就代表你很努力而且期待也很高。好好調整心情後，思考看看哪些部分需要再補強。如果需要我的幫忙，隨時都可以說。」孩子從父母身上獲得支持和安慰的同時，也會爲了達成自己的目標而想辦法，而不是爲了不讓父母失望，或是爲了不被父母責備。如此孩子便能自主地度過自己的人生。

正處於分離狀態、無法感受到連結的人，以及無法在內心建構安全堡壘的人，沒辦法承受分離帶來的不安。因此，他們成年後還是離不開當初沒能力提供安全堡壘的父母，他們繼續埋怨父母，緊抓腐爛的繩索不放。

爲什麼他們就是無法放開父母的手呢？是因爲他們無法接受父母是他們人生的一部分嗎？因爲他們無法接受這段關係就像交通意外，超出自己的掌控？或許是因爲他們心裡依然認爲，父母既然生下了他們，就應該爲他們的人生負責。

當你打算擔負起父母背在肩上的責任時；當你將父母從神的位置調回人的位置時；當你藉此開始正視父母身而爲人的界線時；當你不再爲了得到自己想要的而企圖改變父母時，才終於做好踏上旅途的準備。

完成心理獨立的人生課程

我們將在旅途中一步步解開心理獨立這個人生課題，你將能自己寫下「我是誰」的答案。另外，雖然你在第一次建立安全依附關係的時候並不順利，但你要曉得自己手中還握有第二次的機會，你會學到該如何填滿自己，以及該成爲什麼樣的父母。

脫離父母，在心理上獨立，並非要與父母斷絕關係或是忘記過去。當你決心好好度過人生時；當你接受那些不可逆且無法掌控的人生要素也是你人生的一部分時；當你藉此懂得區分什麼事你能改變，什麼事不能改變時；當你認可即使事情不如意，還是能在你體內共存時，就可以一併承擔多元的經驗和矛盾的情感。如此一來，在對父母的愛與恨之間，你將不會再否認其中一方，也不會再用其中一方抹滅另一方，而是能正視兩個方面原本的樣貌。對父母若有感激之情，就如實表達感謝；父母若是犯了錯，就承認他們的確有錯。自己在這過程中判斷維持多遠的距離最爲恰當，然後妥善調整自己的位置，這就是心理獨立的根本意義。

本章會說明在心理獨立的過程中會遇到的課題，也會談到身爲父母和子女，爲了度過自主的人生，該具備什麼樣的態度。

即使我把你生下來，你的人生還是你自己的

選擇成為父母

想到父母對孩子的影響力，就覺得成爲父母眞的是很重大的事。現今韓國社會的出生率之所以這麼低，有很大的原因來自扶搖直上的房價、青年高失業率、難以克服的貧富差距等經濟因素，但大家內心深處也有種悲壯的想法，覺得應該要由自己來斬斷這不幸的循環，像是「我的生活不怎麼幸福，我不想將這種生活傳承給孩

子」、「很難爲我的孩子預備不錯的條件，讓他在世上過好日子」這類的想法。

這種思維乍看之下很有責任感，但從另一個角度來看，也反映出人們過強的控制欲。我們將父母的責任看得太重，正好證明了父母的生活和我們自己的生活，以及我們和孩子的生活其實分得不夠開。可能是因爲自己不論是物質還是精神層面都受到父母很大的影響，所以才會害怕自己也對孩子造成很大的影響。不過，孩子的人生本來就和你的不同，對世上的判斷，僅限於誕生後自己活過一遭的人。

站在現在的視角事先預想「我沒什麼能爲孩子做的，還是不要生比較好」、「孩子會度過很憂鬱的生活」，這些都是以自我爲中心的推測。你對生產和教養的價值觀，反映的其實是你的狀態。那套標準呈現的是你對生活的態度和滿意度，不能用來衡量你的孩子即將迎接的未來。如果你不知不覺中產生了這樣的想法，那麼就有必要回顧看看自己是否將孩子視爲自己的分身，以及你和你的父母之間是否有建立獨立的人際關係。

所以關於你要不要成爲父母這件事，重點不在於尚未出生的孩子的想法，而是在於你自己的需求和價值觀，要明確瞭解這點，並且爲自己的選擇負起全責。如果你決定不生孩子，並沒有關係。只不過，請不要打著「爲孩子好」的名號，而是要清楚認知到，那是你爲自己做的選擇。如果你決定成爲父母，就應該要尊重孩子：「我把你生下來，到你長大成人之前都會負起教養的責任，但你的人生是你自己的。」

父母也是初次為人父母

即使是自己選擇要生小孩，而且還滿腔熱血，決心要成爲好父母，但投入教養實戰後，才會實際感受到教養的困難。在精神科或心理諮商室，經常會接觸到父母和孩子之間負面的互動。雖然從旁觀者的視角來看，很容易就能做出診斷並給予建議，例如：「您不能做出那樣的反應。」但家長如果反問：「不然我該怎麼做？」又會答不出個所以然。父母做出特定舉動和反應的背後，往往都有很複雜的原因，要找到一個決定性的因素並不容易。一個對孩子發火的母親，可能是因爲工作和育兒太過疲憊，也可能是因爲經濟陷入困境、過於看重父母的責任、不會調節情緒、無法承擔孩子難搞的性格、跟孩子個性不合等。可能是其中幾個因素導致，也可能全部都有關係。

如果不會從父母身上獲得健康的回饋，要成爲好父母的道路就會更難走。以愛爲名行使身體、精神上的暴力；用不正確的方式給予關心；放任不管；缺乏溝通，這些都會扭曲人對愛的信念。而且那個錯誤的信念，會在我們的心中生根，化爲一股隱形的力量，操縱我們的人生。即使發現那股隱形的力量後企圖擺脫，心裡的慣性依然很強大。就算學習了新的方法和技術，也只是暫時的，最後總是會敗給長久以來已經內化的反應模式。

雖然爲了成爲好父母而努力涉獵育兒的理論，但那終究還是和實戰有很大的差異。因爲你的孩子和書中的孩子並不一樣。理論是將諸多現象綁在一起討論的一種法則。舉例來說，「滿兩歲的小孩可以說出短的音節或句子」，這個理論是觀察滿兩歲左右的許多幼兒後，最終得出的平均值。然而，在現實世界中，沒有任何一個人會完美地符合該平均值代表性的模樣。有的孩子在滿兩歲之前就已經能流暢地說出長的句子，也有的孩子語言發展較爲遲緩。有的孩子先說出：「媽媽，我肚子餓。」有的孩子則先說出：「爸爸，陪我玩。」

在理論建立的過程中，雖然會保留適用各個現象的共通點，但還是會掩蓋讓個人展現自我的獨特性。因此，理論雖能讓你理解孩子全面性的發展過程，幫助你掌握孩子的特質，但無視孩子的獨特性，企圖將孩子套進理論的行爲，卻是一種扭曲的信念。

嚴峻的現實也是另一個耗盡教養能量的主因。當孩子看到疲憊不堪的父母做出不耐煩的反應，被嚇得往後退時，父母卽使在那小小的肩膀上瞥見自己的童年，還是很難整頓疲憊的內心，提起勁來安撫幼小的心靈。所以若想成爲好的父母，自己要先變得從容，先成爲幸福的人才行。

不過沒有必要過分指責自己不是好父母。主張「客體關係理論」的唐納德・威尼科特（Donald W. Winnicott）所定義的好媽媽（good enough mother）不是理想又完美的媽媽，而是平凡的普通媽媽，也就是足夠好的媽媽。普通的媽媽會對孩子笑，對孩子生氣，會擁抱孩子，也會跟孩子爭吵。這所有面貌的集合體，就是個平凡的人類。對待子女時，比起瞬間說出口的言語和行動，更重要的是有一慣性的態度。

健康的父母應該具備的態度，就是作爲一個擁有多元面貌、立體人格的人，同樣也將孩子看作擁有立體人格的人。爲此，要搭配孩子遭遇的現實狀況，成爲一面照亮四方的鏡子。最終，成爲你自己和成爲好父母，幾乎可以說是同一件事。當你能正視自己的原貌時，才能正視孩子的原貌。

有智慧地傳達善意的方法

以下會介紹父母的善意與子女的期待不符的例子。聽說經常被稱爲「臉蛋天才」的明星——像是元斌或車銀優的父母，曾因爲擔心孩子太過驕傲，而對孩子說：「你長得並不帥，有很多長得跟你差不多的人。」他們最終成了明星，因此父母的謙遜也被當作美談。不過，這件事還可以從另一個角度來探討。

父母的反應和周遭給予的回饋不同，可能會在年幼孩子的心中引起混亂，也可能導致他們更渴望獲得父母的認可，說不定反而會造成他們對外貌的執著，或是低估自己的可能性。當然，這只是其中一種假設。我並不曉那兩位演員聽到那種話，實際上是如何想的，只是覺得這件事很有意思，値得討論，才舉例說明。

另外還有一個有趣的故事，那是關於日本名演員樹木希林和她孫子之間的對話。希林的孫子外貌特別突出，受到周遭許多的關注，而且經常被人稱讚。雖然在沒付出辛勞的狀況下，僅憑天生的外貌就受到吹捧並不是很好，但長得好看是事實，不稱讚的話，該怎麼說？人類對美的評價是相當本能且普遍的反應，這項事實我們不能否認。某天，希林跟孫子說：「大家看到你都說你長得很好看、好可愛，對吧？不過你如果只聽這些話，長大後個性變糟，朋友們就會討厭你，所以你長大後要成爲一個善良的人。這樣可愛的外貌加上善良的內在，你就能成爲一個更好的人。」

這番話雖然有點直接，但也是一面很好的鏡子，爲孫子映照出現實的層面。她認可孫子出衆的外貌，但也告訴他那可能會帶來什麼缺點。比誰都疼愛孫子的奶奶在稱讚孫子好看的外貌時，也告訴他那同時會招致別人的嫉妒，並教導他不要自滿，而是要謙遜。

更進一步來說，這番話談到的不僅是外貌，還配合孩子的理解，告訴他內在的重要性。在希林看似不經意說出口的溫暖話語中，其實有她想傳達的訊息：「好人的基準並非長得好看。評斷他人時，長得好看也不代表一切。善良和美貌是分別存在的。」

孫子聽到這番話時，就算沒有完全聽懂，大概也會鬆了口氣吧？一直以來，別人稱讚他的外貌時，他心裡說不定有些不安：「因爲我長得好看，別人才喜歡我。原來長得難看是不好的。我如果長得很醜，大家可能就會討厭我吧！」

不論是好的面向還是壞的面向，只映照出孩子的某一面是很危險的。因爲這會否定孩子的其他特徵，只要是人就不會只有一個面向。稱讚孩子的外貌、給他甜頭吃，等於是反過來將他推向懸崖，如果他的外貌不如從前，就會墜落下去。不僅是外貌，在特定領域展現天賦的孩子，因經不起世人過度的關注而遭遇挫折，也屬於這種情況。這是由於他們無法充分認知並消化自己除了出衆的特質之外，還有情緒、欲望以及脆弱的部分，沒能將那些整合成自己的一部分。

只映照出單一面向的鏡子，在照向他人時，會缺乏綜合性的視角。「美麗的東西是好的，醜陋的東西是不好的」這種二分法內建在腦中後，只會導致他們用單一觀點來評斷別人，堅持按照自己的基準來區分優劣，並無法培養出立體的視角，讓他們一併看見別人多元的特質。

聽說在談論到孩子的缺點時，希林也採用了相當有智慧的說法。天生容易緊張的孩子，很容易受大人的斥責或惹人擔心：「你那麼膽小，是要怎麼在險峻的世上活下去！」「眞不知你是像到誰，才會這麼膽小！」「他實在太膽小，讓人擔心。」當父母自己無法消化面對世上生活的恐懼時，就會將自己的不安投射到孩子身上，更嚴厲的指責孩子，貶低孩子的可能性。希林選擇默默地稱讚孩子：「你這樣很好，這代表你很謹愼。」替孩子天生的特質賦予了立體的面貌。之所以說每件事都有優缺點，是因爲人本來就是這樣的存在，而且你自己也不例外。

在童年被貼標籤的危險性

不管是什麼，限制孩子的標籤都會抑制孩子的潛力。有位罹患飲食障礙的女性，說這世界上她最不想聽到的聲音，就是媽媽叫她吃飯的聲音。她天生偏食且食量不大，媽媽對此發的牢騷，仍猶如釘子般固定在她體內。「妳連吸奶都吸不了多少」、「只餵妳一點牛奶，妳就吐出來，我不曉得有多操心」。

當然我沒辦法具體瞭解孩子吃不下飯時，媽媽有多麼擔心，而且那些牢騷中其實也蘊含了母親對子女的愛。然而，這些話更著重在表達自己的煩惱和辛苦，而不是對女兒的擔心及關愛。站在媽媽的立場，或許完全沒有預料到女兒會因此傷心，甚至產生罪惡感。不過，如果媽媽相信自己這樣說，女兒也能明白她的本意，就代表她並沒有將女兒和自己分開來看。

父母和子女之間的距離越小，子女受到父母的影響就越大。父母貼上的標籤「胃口很小、偏食的孩子」，會變成那個孩子對自己的認同。如果父母在別人面前用這種方式提到孩子的狀況，讓孩子感到丟臉，所造成的影響將會更爲深遠。孩子必須成爲父母口中說的那種人，所以就算有想吃的東西，也不敢動筷子去夾。成年後的子女不再挑食，肉類、魚類和蔬菜都會吃，但在父母面前依然食慾不佳，總是爲消化不良所苦。童年時期被貼的標籤，還殘留在體內，深至五臟六腑。

回想父母輕率地對你作出評價的瞬間，就會切身感受到那些言語和你的內在世界不一致時，所引發的強烈碰撞。也就是周遭空氣全都凝結，一股深沉的無力感壓住你，使你凍結在原地的那種感覺。若你有機會壯大內在的聲音，勇敢說出：「才沒有！我不是一直都那樣！」那麼你就可以調節內在世界和外在不一致的狀況。「是喔？看來是媽媽誤會了。那你是怎麼想的？」如果能得到這種反應，就能更大幅地縮小不一致的差距。你將能爲自己發聲：「我只是不喜歡有嚼勁的食物，如果整個都煮熟，應該就會比較好」或是「我不喜歡留到最後，自己一個人吃飯」，經由這種互動，孩子將會更具體地瞭解自己是什麼樣的人，也能塑造出分化的自我。孩子會知道自己是什麼樣的人，也能接受自己和他人的差異。

另外，調節能力會成爲孩子在世上生活的基礎。世界經常不如人意，而且也有許多無法掌控的狀況。卽使如此，我們還是堅持生活下去，那份原動力就是過往在決定性的瞬間，我們與世界連結並相通的記憶。

不論是誰，都需要「健康的內在表徵」

孩子尋找內在聲音的過程，和父母早期的教養有很深影響。與父母的聲音相反，很少有孩子能自己找到自己的聲音。當孩子鼓起勇氣，說出內在的心聲時，父母的反應如果是：「哎呦，你這孩子幹嘛大驚小怪？」孩子的聲音就會消散在空中。但也不能因此就一直怪罪父母，或是強求他人要有同理心，說出你心裡期待的回應。最終，成爲大人，大概就是自己找回自己聲音的過程。

心理諮商師會扮演一部分父母的角色，幫助很難說出自己心聲的晤談者，發出自己內在的聲音。晤談者對諮商師抱有的幻想之一，就是對方會成爲百分之百理解並同理自己的理想父母。然而，不論是誰，只要是活在現實世界中的人類，就無法完美地滿足那樣的期待。健康的父母和諮商師應該具備的特質，並非完美的同理心，而是更接近於能認同彼此的差異，經得起調解失敗的能力。

不論有多麼愛彼此、理解彼此，雙方一定都會有差距，能填滿那個空隙的安全氣囊並不是實際存在的某個物體。能在內在世界與外在世界不一致的衝突中，保護自己免於受傷的安全裝置，就是對自己與他人的「健康的內在表徵」。健康的內在表徵是以立體和整合的能力爲基礎，讓人看見他人多元的面向。這能使你在個人的期盼落空時，不覺得自己無可救藥，也不會替對方套上惡魔的面具，而是能檢視這些經驗對自己造成的影響。即使在自己感到心寒的瞬間，還是會想起正向的一面，而在對方看起來很惡劣的時候，也不會忘記一絲的憐憫和理解。

成為父母之前需要的心理準備

若從立體的角度看待自己，就能減少以「假如」爲開頭的期盼和後悔。「當初如果這樣」的條件句中帶有某種幻想，認爲只要改變部分的自己，挖除構成自己的某一塊拼圖，人生就會不一樣。然而，從一開始那樣的自己就不存在。你所有的部分和所有的選擇，都像經紗和緯紗那樣緊密地編織在一起，最後的成品就是自己現在的模樣。

能完整且立體地看待自己的人，也不會將「假如」的幻想套用在他人身上。「如果他沒有這個缺點，眞的是個很棒的人」、「他只要改變這個部分，就會變得很完美」、「父母如果像這樣對待我……」等，這類的條件句都隱含非現實的期望，透露出自己無法接受他人整體的樣貌。當然，人不可能完全放棄這類的期望。不過，這些終究都是自己內心的產物，應該要承認自己確實很難接受自己的處境。

丟棄以假設句開頭的期盼，朝現實邁出步伐走下去，接受平凡的生活，這或許就是衆神隱藏起來的人生解答。在許多以時間旅行爲素材來探討人生意義的電影中，主角卽使回到過去，仍然再次選擇已經走過的人生，最後欣然接受自己的命運。這是因爲主角經歷了所有面臨抉擇的人生十字路口後，體會到那些對不會活過的人生所抱持的遺憾，也因爲自己活過的人生而富有意義。

就像選擇一條路後，只能放棄另一條路那樣，身爲父母，我們都是不完美的。

我們不可能成爲完美的父母，完全不被子女抱怨。因此，在不遙遠的未來，你可愛的孩子勢必會豎起身上的刺，埋怨你：「媽媽什麼都不懂！」而我們在責怪孩子不懂事的同時，也會嚐到心碎的滋味：「你根本就不懂媽媽的內心！我竟然養了一隻小老虎」，爲了應對這種狀況，我們要事先做好身爲父母該做的心理準備。「我知道了，對不起。是媽媽不懂。但我還是愛你，這份心意並沒有改變。」

在坦承自己的不足和界限的同時，仍不忘記要付出愛，具備這種能力才是最平凡又偉大的父母。

就算從同個肚皮生出來，也不可能一模一樣

不想成為像我父母那樣的父母

「小時候被父母拿來跟弟弟比較，那種差別待遇讓我非常委屈……。我生第二胎沒問題嗎？父母也是人，我很擔心自己沒辦法平等對待兩個孩子，好好拉拔他們長大。」我在某個網路社群上看到有人上傳一篇文章，內容談到他煩惱著要不要生第二胎。在出生率創新低的時代，養一個孩子需要投入龐大的物質及精神資源，如

果考慮到這點，是否要生第二胎，確實是個很困難的決定。而且他童年時曾被父母傷過，覺得很委屈，害怕自己重蹈覆轍，和父母一樣，無法毫無差別地對待孩子，是很正常的事。

有些人建議：「孩子會自己長大。戰爭時都有孩子誕生了，何必事先擔心那麼多呢？」然而，這個問題並沒有那麼簡單。比起要不要生第二胎，更重要的其實是要回顧自己和父母締結了什麼樣的關係，並且釐清「自己要成爲什麼樣的父母」，然後每天都不忘記最初的決心。

如果省略這個過程，短時間內或許不會有什麼問題，但當自己成爲父母後，童年時的經驗就會原封不動地在眼前重現。會從孩子的身上看見自己的童年，又會從自己的身上看見父母的影子。尚未消化的經驗突然攪和進來時，自己也會在不知不覺中把情緒宣洩到孩子身上。「我明明就不想變得和爸媽一樣啊……」自責就這樣湧上心頭。

老大是驕傲，老二是愛？

在煩惱要不要生第二胎的文章下方，有各式各樣的回覆。有的人說既然已經煩惱著，就代表有生第二胎的意願，這時如果沒有生，之後會後悔。已經生下第二胎的人則更積極地擁護生第二胎的說法。有些人在煩惱許久後辛苦地生下第二胎，有些人則是在預料之外的狀況下生下第二胎，他們都說孩子生下來後眞的非常討人喜愛，實在無法想像如果沒有生會怎麼樣。生第一胎時，自己還是初次當父母，所以沒有餘力去注意到孩子的可愛，但生第二胎時，能更從容且有耐心地對待孩子，最後還加上一句「老二就是愛」。

有人留下這種支持生育第二胎的留言後，下面就突然展開一場留言大戰。「如果老二是愛，那老大是什麼？」生爲老大的人覺得很委屈，接連跳出來控訴。有人回覆：「老大是父母的驕傲啊！」結果有許多人在下面吐露心聲，說自己爲了成爲父母的驕傲，從小就背負責任和負擔，活得相當辛苦。自己也還是小孩，卻總是要禮讓弟弟妹妹，還要負起照顧弟弟妹妹的責任。

接著又有許多老二跑出來訴苦，他們說總是要接手老大用過的東西，教育資源也不如老大那麼充足，上面的兄弟姐妹還會背著爸媽欺負自己。爭論愈演愈烈，似乎就快得出「生一個就好」的結論，但馬上又有獨生子女出來吐露他們的辛苦。他們說沒有一起經歷相似的時代，能彼此傾訴煩惱的對象，所以很孤單。又說爸媽如果去世，天地間彷彿只剩自己一個人，讓人相當害怕。而且因爲他們是獨生子女，所以還要承擔社會對獨生子女的偏見——認爲他們不懂事且自私。

就像這樣，不論是老大、老么還是獨生子女，每個人在各自的位置上，都有自己要承受的悲傷。提出個體心理學的阿爾弗雷德・阿德勒（Alfred Adle）主張，個人應該要努力在社會內達成自己的目標，而克服自卑感，實現自我完成就是人生的目標。也就是說，自卑感等於是驅使人前進的最大動力，阿德勒認爲出生順序對自卑感造成的影響是相當龐大的。人出生後，就會本能地在最早接觸到的社會，亦即家庭中尋找自己的位置，並且瞭解到自己擁有和缺乏什麼。而人會在奮力塡補匱乏的過程中，體會到自己是誰並有所成長。

阿德勒認爲孩子在家庭中的排行，會形成一些共通的個性特質。大致上，老大在老二出生前，獨占了整個家庭的關愛，過得就像個王，後來弟弟妹妹出生後，自然就被擠出關心範圍之外，會被父母要求別再像個孩子，應該要成熟穩重。因此，老大在成長過程中所面臨的宿命，就是要在「廢王」的位置上孤軍奮鬥，努力爭取父母的認同。

相反地，老二總是會將位居前面順位的人當作競爭對象，在心裡上演爭奪戰。所以不管老大做什麼，總是要跟著做，老大手裡的玩具也一定要搶過來玩。到後來，經常是老二比老大更快達成目標。老二比老大更早學會講話、更快識字、更早開始走路，也比老大更先開始吃副食品。老二可能具備野心很大、愛冒險的特質。另一方面，老么能獨占父母的疼愛，不需擔心有其他弟弟妹妹會與自己競爭，他們大多具備以自我爲中心、天眞爛漫的性格特質，同時他們也比較缺乏獨立能力，與前面順位的兄弟姐妹相比，沒什麼突出的成就，所以很可能會感到自卑。

心理上的出生順序

然而與實際的出生順序相比，心理上的出生順序是更爲重要的。其實上述列舉的特徵，比較適合用在「心理上」的老大、老二和老么身上，跟實際出生的順序無關，父母和孩子互動的過程中，很可能會對子女強調某種角色的重要性，並順著那個方向來加強教育。某個生爲老二的女性，上面有個因爲先天障礙而行動不便的哥哥，父母經常跟她說：「你往後要獲得成功，多幫哥哥的忙。」

同是一家人，當然要教導孩子互相幫助並扶持的方法。但父母光是急著將自己的負擔分給年幼的女兒，都沒有顧慮到女兒的心情。當她面露難色時，父母就會責備她：「家人應該要互相幫助啊！你太冷漠自私了！」因此，她卽使被沉重的負擔壓得喘不過氣，還是爲了迎合父母的期待而努力，有時不想理生病的哥哥時，還會飽受罪惡感的折磨。這位女性在心理上扮演了老大的角色，與她實際出生的順序不同。

自己在心理上於原生家庭中被賦予了什麼樣的角色，而因此形成的心態又對自己的生活造成了什麼樣的影響？看清這些狀況對你組成家庭有很重大的幫助。因爲我們有時會在不知不覺中，將自己過去的創傷投射在孩子身上，而投入過多的情緒，或是對孩子傾倒錯誤的關愛。

某位在家排行老大的女性從來沒有機會對父母撒嬌，心裡一直都覺得很委屈。她懷上第二胎後，馬上對老大心生歉意而哽咽落淚。即使老大還是小嬰孩，她卻覺得老二很快就會出生，搶走老大的關愛，因此覺得老大很可憐。當她因爲肚子裡的孩子，辛苦到對老大發牢騷時，心裡覺得非常抱歉，所以整天把老大背在背上，結果弄傷了自己的腰。

在她的心中，已經替兩個孩子的關係下了結論，認定他們一定會爲了取得父母的關愛而競爭。這種信念極有可能是來自她的童年經驗與父母。雖然不知道那兩個孩子往後會建立什麼樣的關係，但媽媽對待孩子時，如果已經預設立場，認爲「有手足誕生，其中一方就會受到損失」，那麼兩個孩子就很可能會繼承媽媽的想法，仇視並牽制對方。

當然，競爭和爭執本來就存在於手足關係中的面向，但還有另一個面向是成爲彼此扶持的朋友。因此，這個案例等於是受限於過去的創傷，無法看見一段關係整體的樣貌。如果希望兩個孩子能相親相愛，那麼比起抱持「愛分出去就會減少」的觀念，不如帶著「雖然偶爾會爭吵，但多了一個分享愛的家人眞的很棒」的觀念來經營家庭會更好。

另外，應該要認知到，自己對老大萌生的疼惜之情，實際上是對年幼的自己產生的憐憫。難過又委屈的心情只是一種投射，懷著身孕照顧孩子很辛苦，有時很難適當地調節情緒，這並不是犯了什麼錯，也沒必要覺得抱歉。這位女性之所以對老大投入過多情緒，是因爲她沒有將自己的童年和老大切割開來。假如對老大過度發火而感到抱歉，那麼只要好好跟孩子說明原委並道歉就行。另外，考量到自己身體的狀況，還是要向周遭請求協助，並積極地調配工作的分量。這只是狀況辛苦時沒有調節好情緒才造成的問題，並不是肚子裡的第二胎奪走了自己的愛與能量。

將調節情緒的責任轉嫁到老二身上，是因爲媽媽無法將自己和肚子裡的孩子區隔開來。爲了不將自己難過的情緒移轉到孩子身上，父母要先擁抱自己的創傷和委屈，並且丟棄「我的孩子也會度過和我一樣的人生」的想法，而是要下定決心：

「我的孩子會過得和我不一樣，端看我怎麼做。」

孩子不是家庭的附屬品

像這樣下定決心，勇敢地走上成為父母的道路後，某個尚未解決的問題，可能會一直糾纏不放。那就是：「我的父母當初到底為什麼要那樣？」

俗話說成為父母後就會瞭解父母心，但有些時候反而是成了父母後，更無法理解父母的心思。雖說每隻手指咬了都會疼，但總會有疼得更厲害的手指。面對更在意的孩子，總會想再多看一眼，想再多給一點，這或許是人之常情。然而，當父母認為不管這隻手指還是那隻手指，反正都是自己身體的一部分時，代表他們不怎麼關心每隻手指各自的特性。因此，他們認為偶爾犧牲其中一隻手指來照顧另一隻手指，並不會有什麼問題。

價值觀聚焦在「家族是共同體」的父母，對孩子個別的特性、需求和情感等，相當遲鈍。對他們來說，家庭和睦才是最重要的，只要是爲了維持這點，從相對不在意的孩子那裡拿點東西，補到另一個孩子身上，是很理所當然的事。父母越是如此，可能就越難認知到自己對孩子的差別待遇。站在父母的立場來看，孩子都是一樣的。他們爲自己辯解：「我每個孩子都愛，絕對沒有差別待遇。」從他們的觀點切入時，這句話並沒有講錯。他們完全沒料到身爲家庭附屬品的兩個孩子，可能會嫉妒並討厭彼此。

他們甚至還會想：「我的孩子一定瞭解爸媽這麼做都是爲了守護家庭，他們如果無法理解，就是不懂得知恩圖報，不明事理。」「孩子雖然是我生的，但他們有自己的想法和情緒。」他們腦中完全沒有這種概念。

越是以家庭共同價值爲重，無視孩子個別特質的父母，越會爲了維持共同體的秩序而拿出生順序當作武器。「你是老大，你應該要讓步。」「你不可以頂撞哥哥。」「你是老大，應該要勇敢，怎麼比弟弟還膽小？」

要求孩子扮演自己期盼的角色，拿孩子來和其他手足比較是很危險的行爲。孩子在童年被父母差別對待的記憶，到成年後依然會留下傷口，並且深深影響他們與別人互動的方式。無法忍受自己輸掉遊戲的人；被超車時硬要追上去報仇的人；即使心裡討厭還是無法說出口的人；兩個人時沒問題，三個人聚在一起就會怕自己落單的人。可以從這些人身上看見，他們童年時和兄弟姐妹之間的競爭沒有處理好，最後留下了的痕跡。

希望家庭能成為每個人綻放特質的花園

管教孩子、整頓家中秩序時，沒必要將出生順序套用進去。出生順序衍生出的那一套角色規則，只會引起孩子的反抗，變成傷害手足情誼的主要原因。如果要教導孩子規矩和秩序，只要向他們傳達行為的重要性即可，無需談到出生的順序。不該說：「你明明是哥哥，怎麼這麼偏食？看看弟弟，什麼都吃。」而是要說：「要均衡飲食才會變健康喔！」另外，「你要像哥哥那樣把玩具整理乾淨才對啊！」這類比較的言語也不恰當，應該教導孩子：「自己玩的玩具，自己要整理好。」

如果父母沒辦法切身感受到自己無意間脫口而出的言語帶有多少分量，就有必要試著站在孩子的立場來思考看看。父母經常毫不猶豫地拿孩子跟別人比較：「別的孩子都這樣……」，不過，對年幼的孩子來說，父母是很絕對的存在，不能拿來跟其他人比較。不管父母是什麼樣的人，孩子都絕對需要父母的愛。假如你的孩子跟你說：「某某人的媽媽都會買這個、買那個給他，媽媽你爲什麼不買給我？」應該所有父母聽了都會難過吧？孩子如果像這樣跟你抱怨，你應該會爲自己辯解，回應說：「不可能每個人都一模一樣。媽媽能做的都做了，已經盡全力了。」

如同他是他，而你是你一般，孩子也不是能用老大、老二來統一稱呼。每個孩子都有自己的特質。每個人都是獨特的存在，都有渴望能受到尊重。更沒有人希望被最親近的家人拿來比較，互相仇視。

不過如果像機器般公平地對待孩子，也不是個好辦法。孩子在不同年齡層的發育都不同，因天生性格而遭遇的難題也不同。十歲的孩子和五歲的孩子有各自要遵循的生活規則和責任，而且也有相對應享有的權力。用不同的方式對待不同的事物，並非差別待遇，而是承認差異，承認差異能帶來權威和秩序。因此，不該用出生順序這個框架來限制孩子，而是要留意孩子各自擁有什麼樣的特質，並協助孩子開出特質的花朵，這才是父母眞正要扮演的角色。

雖然不是我自己
想誕生到這個世上

「對不起，我愛你。」

其實有這一句話就夠了。當孩子好不容易提起過去的錯誤，父母卻不願意承認時，孩子才體會到父母也只是個不完美的人類罷了。心裡被刺痛的部分越大，就越想掩蓋自己的錯誤，這說不定是相當自然的反應。「我都是爲了你好，你怎麼可以說那種話，都不瞭解爸媽的心情。」孩子很可能像這樣反倒被父母責備。受傷的明

明是我，竟然連罪惡感都要我承擔，這種時刻就會切身感受到難以擺脫的家庭重量。

如同父母無法選擇他們要生下什麼樣的孩子，孩子也無法選擇父母。所以才說這是上天配對的命運，是天倫。這就像是我們無法得知從天而降的雨會落在哪裡一樣。父母決定要生育下一代時，還是他們自己的選擇，但會生出什麼樣的孩子，誰都不知道。

不過很可惜的是，父母經常誤會，以爲孩子是他們生的，所以孩子的一切他們都瞭解，而且孩子想要什麼他們都給得起。父母希望孩子按照自己的期盼長大，還用自己的觀點判斷什麼對孩子是好的，強求孩子度過那樣的人生，或是堅決相信自己和孩子一直都會站在同樣的立場。

從孩子的立場來看，違抗父母的意思猶如違反天倫般非常沉重，那等於是在否認讓自己存在於世上的根源，所以心裡會產生龐大的罪惡感和恐懼。對父母有所埋怨、心懷不滿的人，很難放下對自己的懷疑。「我是不是做錯了？」「我是不是不該誕生在這個世上？」「我是不是應該更努力？」等等。

想像中父母的模樣

我們努力要獲得父母的認同，究竟是爲了什麼？

那份努力說不定是來自於孩子想尋找理想父母（其實並不存在於世上）的盼望。如同父母將孩子關在自己的框架中那般，不曾獨立與他人建立關係的孩子，也很難客觀地看待父母。彼此太過靠近，所以才無法正確地看見對方。只會看到某個面向，而其餘的部分都靠想像力來填補。越是不滿意父母在現實中的模樣，就越會用自己夢想的樣子來形塑想像中的父母。匱乏越多就會想得到越多的補償。

在孩子的想像中，父母總是很溫暖、仁慈，擁有理想中大人的模樣。即使無法實際感受到，他們還是會一直將理想中的父母放在心中。在路上跌倒，摔傷膝蓋時，常會下意識地叫媽媽，對吧？那個媽媽是想像中的媽媽，她會溫暖地靠過來，爲你擦藥，還會安撫你受到驚嚇的內心。即使你知道現實中的媽媽可能會責怪你：「怎麼這麼不小心啊！糊裡糊塗地是在幹什麼？」

當然，媽媽在責備和發牢騷的同時，也可能是眞的在擔心你。如果和父母有良好的互動，對父母也有完整的認識，就會非常自然地接受現實中的媽媽同時具備以上兩個面向。

然而在內心有所匱乏的狀況下，很難承受這樣的矛盾。在現實中沒得到的關愛，化爲一種補償心理：「父母不是理所當然要這麼做嗎？怎麼可以這樣對我？」這種想法在心中建立出一套穩固的理想基準。理想的基準越高，現實中的父母就離自己的內心越遙遠。年紀漸長後，與父母之間的距離，在物質上和精神上都逐漸變遠，以往一直不願面對的父母實際的模樣，這才自然而然地顯露出來。你將會越來越常發現，過去想從父母身上得到的關愛，終究不可能得到。父母雖然用他們自己的方式來愛你，但那並不符合你對愛的期盼。父母如果認爲自己的方式沒有錯，孩子就也很有可能相信只有他想要的那種方式才是對的，因爲他們無法跳脫自己的觀點來看彼此。

在精神上成為孤兒的孩子

「我爲了你才忍住辛苦，活了下來」、「當初生你的時候狀況並不好，把你生下來後，我們都很辛苦」、「你如果讓我失望，我就沒力氣活下去了」，有個孩子聽著這些話長大。不過他並沒有埋怨父母，反而總是努力將父母的話解釋成善意的言語。「卽使辛苦還是選擇生下我，爸媽的意思是我眞的很寶貴」、「他們要說的是雖然很困難，但因爲愛我才能撐下去」，他努力想理解父母的心思，卻不曉得自己心裡已經受傷，就那樣堅強地長大了。

他深信自己讓父母很辛苦，所以在成長的過程中總是懷抱著一個信念，認爲自己對父母有虧欠，應該要還債。他想盡辦法證明自己是很有價値的人。他覺得自己不能讓父母更辛苦，所以他一再地貶低自己，讓自己的人生重量輕如羽毛。就算有想要的東西，也怕花錢而不敢講；爲了討父母歡心，很努力地念書；卽使辛苦，還是獨自一人承擔一切。他自己無法對父母訴苦，卻一直在聽父母發牢騷，卽使如此，他仍然認爲這是子女應盡的道義。雖然物質上是父母在養育孩子，但精神上等於是孩子在照顧父母。

由於在父母面前總是要假裝自己很好，所以他在精神上完全不覺得和父母很親近。他從小看著父母不斷抱怨處境，根本沒辦法把他們當作可以相信並依靠的對象。也就是說，他在精神上等於是個孤兒，獨自長大成人。等他長大後，父母終於也變得比較安定了。

以沉默守護的家庭和睦

他成年後，決意不埋怨父母。雖然是他的沉默守住了家庭的和睦，但那也是他的選擇，所以他覺得沒關係。而且他對父母還是抱有一絲絲的期待。他只是沒說出來而已，如果自己說出心聲，父母一定會理解的。他還沒放棄想像中的父母，認爲父母理當如此。

他從名校畢業後，領到獎學金，踏上了留學之路。他的父母把兒子的成功當作獎盃，企圖從中獲得補償，所以這樣的結果讓他們備感欣慰。但是留學生活不如想像中的順利，研究卡關，和教授的關係也鬧僵，他實在沒信心可以畢業。再加上健康狀況惡化，連腰都快要挺不直了。

即使如此，他還是忍了又忍。沒領到畢業證書，就這樣空手回韓國，對他來講簡直就是失敗的人生。結果他的憂鬱症持續惡化，他心想與其這樣活著，還不如一死百了，不過他下了結論後，又覺得應該在死前隨心所欲地活一回看看。他決定放棄學位，回韓國去。因爲他還是想回到珍惜自己的家人和朋友所在的地方。

他在留學生的社群中搜尋跟放棄學位相關的文章。所幸有滿多人雖然在中途放棄了學位，但世界並沒有跟著倒塌，反而找到了新的道路，過得還不錯。其中有篇文章提到作者跟她媽媽的故事，內容特別觸動到他。作者跟媽媽說她想放棄留學時，媽媽回應她的話，連我聽了都忍不住落下幾滴淚。「沒關係，你有多辛苦，媽媽都知道。我一直都相信你，想回來時就回來吧！」

能放下父母的期待的勇氣

他鼓起了勇氣，初次決定對父母吐露自己的困難。不過，當他再也忍不下去，開始訴說自己的故事時，過去小心翼翼地維持家庭的和睦，以及想像中的父母，都在同一瞬間瓦解了。

「再忍一下吧！」

「大家都過得很辛苦。」

「你放棄後要幹嘛？生活沒那麼容易。」

「啪」的一聲，他聽到心裡某個東西斷裂的聲音，過去支撐著他的細絲般的希望，也跟著瓦解。一直以來他都對父母的愛堅信不移，他只是沒把自己的困難說出來罷了。然而，他終於體會到過去都是想像中的愛在壓著自己，他的努力並不是爲了自己的人生，而是爲了度過父母期待的人生。

即使如此，他還是沒有放棄。如果跟往常一樣，他鐵定會選擇沉默，但這次不一樣。「再這樣下去，我內心應該會枯乾」，他得到深刻的體悟，並且也猶如被逼到絕境的老鼠，萌生了一股跑向蛇的勇氣。他最後只是想聽到一句話罷了，「沒關係，你辛苦了。媽媽就不能這樣跟我說嗎？」但他的期待並沒有實現。「我是怕你之後過得不好才這樣說啊！」

媽媽說的那番話，眞的全然是爲了孩子好嗎？雖然他也想相信媽媽的話，但下定決心回到韓國後，他逐漸發現，媽媽說的可能不是事實。他想回鄉下老家休息，但他父母卻說待在那裡很難就業，要他在首爾租房子住，而且他們還說：「村子裡的人看到你會怎麼想啊？」

他拖著疼痛的腰獨自躺在租屋處時，接到父母的通知。父母說他們跟親戚講他只是暫時休學回家，往後的事要他自己看著辦。他那時才看懂過去一直假裝不知道的眞實的面貌。「媽媽這麼做不是爲了我好，她是爲了自己，只是她自己也不曉得罷了。」

他對想像中的父母抱著很大的期待，但現實中他們並不存在。「我如果這麼做，狀況會改變嗎？」「我如果跟他們求情，他們會理解我的內心嗎？」這些都是毫無意義的假設。父母是不會改變的，而且年紀越大，生活的態度就越難改變。所以關於「父母怎麼會那樣」的問題，現在應該也可以放下了。「我的爸媽就是那樣，那就是他們的界限。雖然他們用自己覺得對的方式來愛我，但如果那份愛讓我很辛苦，我就應該要保持距離。」

這份體悟帶來的不只有悲傷而已。他現在已經成年了。沒有父母在身邊也不需要擔心生計，而且更不是非要得到父母的關愛不可。他切身體會到，給予他關愛的對象不一定要是父母，就算不依靠任何人，在最靠近他的地方總是有那麼一個人，是只要他願意，就能給予他想要的。

「我真的辛苦了，一直以來都堅持得很好。現在稍微休息一下也沒關係。」

當他下定決心由自己來填滿自己的需求時，就獲得了勇氣，得以脫離父母的束縛，開始度過自己的人生。

每個人的人生都只有一回

父母和自己的意見不一致時

「父母反對我的婚姻，該怎麼辦才好？」有些人在人生重要的十字路口上，面臨父母的反對，因此煩惱不已。不想放棄心愛的人，也不想把釘子釘進父母的胸口。那瞬間會想：「世界上有比這更殘忍的選擇嗎？」父母的意思如果能和自己一樣當然再好不過，但不得不違背父母，走上自己選擇的道路時，眞的很難忽視朝自己襲

來的罪惡感和不安。

雖然有句話是這麼說的：「沒有贏得過子女的父母，歲月終究會站在子女那一邊」，但現實並不總是如此。有很多個性強硬的父母，在子女成年之後依然將子女當作小孩子，企圖讓子女順從自己的意思。以前等父母離世後，子女就能自然地擺脫父母的影響，但現在平均壽命變長，有些子女一輩子都活在父母的陰影之下。

不只是戀愛和結婚，有很多人在選擇未來的職涯時，也會按照父母的要求，放棄自己的夢想，之後才後悔沒堅持追夢，埋怨起父母。比起這樣，如果曾經違背父母的意思，去追尋自己的夢想，還是好上許多。「你就是要這樣生活。」「你要做這個工作，媽媽才會覺得幸福。」有很多孩子不斷被灌輸這一類的觀念，甚至都沒想過自己想要的是什麼。他們只是依循父母的吩咐過生活，當那條路不順遂時，才會開始回顧自己的人生究竟是屬於誰的。

你的人生要爲你自己而活，父母的人生當然也是要爲了他們自己而活。「我爲了你犧牲了我的人生」，說出這種話的父母，不願意接受生下孩子、捨身照顧孩子是自己的選擇。他們無法接受自己的選擇，因此感到委屈，委屈時就會想得到補償，如果得不到補償，就會產生被害意識。於是才會說出：「我那麼辛苦養你長大，你怎麼能這樣？」

嚴格來說，父母和子女其實也是外人，面對這個理所當然的事實，我們往往感到不舒服。當然，父母和子女是一等親，也就是最親近的血緣關係。不過，這裡提到的「外人」是指「自己」以外的其他所有人。我以外的其他人都是外人，就連父母也不例外。父母不是子女的樣板，子女也無法成爲父母的分身。父母和子女都是擁有獨立人格的他人，所有的關係都是在擁有獨立人格的「我」和「你」互動之下的產物。

當父母忘記這種理所當然的事實，將孩子看成自己時，孩子也很難將父母和自己切割開來。因此，當雙方意見衝突時，父母雖然會氣得跳腳：「你怎麼可以這樣？」但孩子也會反問父母：「那媽媽你呢？你明明說你愛我，怎麼可以這樣對我？」

然而，父母和孩子都有自由做出和對方不同的選擇。成年的子女有自由選擇走自己的路，父母也有自由反對。父母應該過好自己的人生，而子女也應該過好自己的人生，沒有人可以代替他人生活。如果有人帶著自暴自棄的想法說：「我沒辦法違背父母的心意，這輩子我打算順從他們意思生活」，那麼就有必要愼重思考，按照父母的期盼生活，是否眞的是你自己想走的道路。每個人的人生都只有一回，沒有來世。就算因爲宗教信仰，相信人還有下輩子，那也和你這輩子的人生不同，現在這個你不會活到下輩子。

不管選哪邊都是你自己的選擇

但這也不代表無視父母的意見，無條件按照自己的期盼去做才是對的。有時候父母的反對確實有理，他們是作爲人生的前輩，眞心地對可預期的現實困境給予忠告。我們應該要深思熟慮，擬定符合現實的對策，或是要再三檢視，自己是否能承擔選擇的後果。你煩惱到最後，也可能會認爲跟著父母的意見走才是更好的選擇。

但即使如此，父母的意見也只是參考，最終做出選擇的還是你自己。「爸媽講的話也有道理，我如果選擇那條路，後果應該很難承擔。」或是「順著爸媽的意思，我心裡舒服，感覺會比較幸福。」如果是根據自己的意志做出的選擇，那麼不管是哪一邊都沒關係。只要承擔選擇的責任，度過自己選擇的人生就行了。

「爸媽說我如果不聽話，他們就要死給我看，我能怎麼辦？」如果像這樣不情願地順從父母的意見，往後很可能就會一直爲這個選擇感到後悔，並且埋怨父母，過不了自己的人生。就算父母眞的受到很大的衝擊，幾乎到要暈過去的程度，那也是父母自己要承擔的，沒有人能代替他們承擔。同樣地，看到父母那樣，心裡產生罪惡感，也是子女自己要承擔的。當你果斷地做出選擇，並且決心要承擔沉重的責任時，你就已經準備好要成爲自己人生的主人了。

對自己沒有足夠的信心，又無法和父母分離的人，會巧妙地打著父母的名義來稀釋自己的不安，希望藉此推遲做選擇該負的責任。「爸媽反對我和女友結婚，他們不喜歡她的工作。」

如果很確定要和對方結婚，只要明確地表達自己的意見即可，像是：「經濟上我可以多承擔一點，她只要更勤勞地照顧家庭就好了」，不過當自己沒什麼自信，又遭到父母反對時，父母的話就會加深自己心裡的擔憂。「我好像很吃虧，感覺會很辛苦……」，越覺得自己承擔了許多，越會對對方寄予更多期待。

那時就會以父母的話爲藉口，跟對方說：「我爸媽不太滿意妳的工作。」企圖將自己化作夾在父母和戀人之間的悲劇主角。實際上等於是在傷害自己心愛的人，告訴她：「你如果做更好的工作，就不會發生這種事了」，自己很難承擔的愛情，就算不是因爲父母，總有一天也會產生裂痕。

給予子女最好的支持

有位女性吐露苦水，表示她媽媽從未實際見過她的男友，卻每次都在她交新男友時抱怨連連。說男友個子太矮、氣質不好、學歷太普通、八字不合、婆家在鄉下很辛苦等，反對的理由千奇百怪。即使她要求媽媽至少跟男友見過一面再說，媽媽仍然堅持己見，理直氣壯地說：「你談談戀愛就好，結婚要跟媽媽中意的對象結」。

女兒雖然覺得媽媽很不合理，還是努力想理解媽媽：「媽媽是太愛我了才會這樣說。在媽媽眼裡，其他人當然配不上我。媽媽婚後生活很辛苦，她希望我不要吃苦才會這麼說」。然後下定決心，要盡可能找個能讓媽媽滿意的男友，取得媽媽的認可。

女兒跟媽媽滿意的人結婚，開心的是誰？是媽媽滿意的人，開心的當然是媽媽，女兒會不會開心就不知道了。媽媽又沒有千里眼，怎麼能那麼有把握，看著女兒的未來，跟女兒說：「這都是爲了你好？」

家人之間往往太輕易就侵犯彼此的界線，侵犯的一方和被侵犯的一方，常常都沒察覺到這是不恰當的行爲。當然，母親有權力表達自己的想法。不過，在這種狀況下，還是要尊重自己和他人之間的界線。應該避免用「爲你著想」的名義來包裝自己的欲望，還對此深信不疑，直接就越過界線。

「有比媽媽更爲你著想的人嗎？你沒有看人的眼光，只要乖乖聽媽媽的話就好」，說這種話正是越過界線的行爲。媽媽並不在意孩子生活在什麼樣的世界，追求什麼樣的價值觀，甚至爲了貫徹自己的主張而限制孩子的可能性，讓孩子對世上和他人抱持負面的想法。如果是眞心爲孩子著想，就應該祈禱孩子能擁有智慧和眼光，認出適合自己的人，跟能爲他人著想的人建立良好的關係才對。「媽媽覺得這個部分讓人有點擔心，你愼重地思考看看是不是眞的沒問題」、「媽媽覺得你如果跟這種人結婚應該會很不錯，也考慮看看我的意見吧！」

在這些話當中，主語都是「媽媽」。如此一來，便能清楚表明這是媽媽的意見，將自己和孩子之間的界線畫出來。另外，也不會模糊焦點，選擇權仍然是在孩子手上。不過，還有個需要注意的部分，那就是「是否眞心尊重孩子的選擇」。如果孩子做出不同的選擇，自己依然會尊重孩子，那麼媽媽說的話就是眞摯的請求，但如果不是那樣，媽媽的話就不是請求，而是委婉的要求。就算講的時候溫柔又和藹，要求還是要求，不會變成請求。

對於不顧父母的擔心和憂慮，堅持走自己道路的子女，要說什麼才是最恰當的？「這是你自己選的路，你自己看著辦吧！之後你就算後悔，我也不管。」要這樣畫清界線嗎？「就看看你有多了不起！沒見過不順從父母的人，獲得成功的」，還是要像這樣咒罵？如果眞心希望孩子能幸福，希望孩子能與你分享自己的人生、能依靠你，就要懂得調適自己的擔憂和悲傷。「你選擇的路看起來很辛苦，我確實會擔心。不過你還是要相信自己，盡全力去做。我總是會支持你，就算你失敗了，我也依然愛你。」

父母給予的愛與信任，能讓孩子肯定自己，這會成爲他們度過人生的原動力。

名為依附的情感關係，
只有在照顧者讓孩子獨立，
將孩子當作同等的個體來對待時才能成立。
健康的依附關係指的不是兩人猶如同副身軀般一起過生活，
也不是兩人完全分開來生活，
而是雙方能夠面對彼此，
心意相通。

2.

有時我也不太瞭解自己

找回情緒的主導權

「我不知道自己是誰」，不曉得自己是什麼樣的人，沒有意識到自己就是生活的主人時，經常會受到外在條件的影響，而且總會覺得無法調節自己的情緒和行動。不知道自己想要什麼、感受到什麼，不知道該如何調節情緒、表達情緒。有些人因此感到混亂，無法產生自我認同感。爲了找回名爲「我」的感覺，這些人的首要之務就是仔細檢視情緒的實體。

情緒是受到刺激時自然會產生的反應，其中隱含了大量關於自己的資訊，呈現

出自己在特定狀況中感受到什麼，是用什麼方法來感受。也就是說，情緒經驗是能指出自身需求的工具。當基本需求充分獲得滿足時，會感受到正面的情緒，反之則會感受到負面的情緒。所以只要沿著情緒的脈絡走，就會知道自己想要什麼、不想要什麼，進而發現眞實的需求。

卽使情緒是與「我」密切相關的重要線索，我們面對情緒時卻很遲鈍、容易忽略，甚至會產生厭惡感。尤其是在重視集體主義價値的東方國家，表達情緒往往被視爲不成熟的指標，人們非常忌諱因表達自我情緒而對他人產生負面的影響。這種社會壓力形成了阻礙，導致個人無法自由地感受情緒，並學習用「適當的」方式表達出來。

在表達情緒方面有所謂「適當的」方式。將情緒完全宣洩出來，或是單方面持續壓抑，都不是好的辦法。雖然面對刺激時感受到情緒，是一種本能的反射，但還是需要調整表達的方法。然而，有許多人搞混前後兩者的界線。所以會爲了抹去心中憂鬱、焦慮、孤單、絕望等不愉快的情緒，而前來接受心理諮商，但這是不可能實現的目標。

情緒自然而然就會產生，因此是不可抹滅的，不過還是能學習調節的方法。相反的，有些人認爲既然情緒是自然產生的，就應該全數宣洩出來，即使自己因此受到傷害，或對他人造成負面的影響，他們都覺得自己不需要擔負責任。當然，想要自由地感受情緒，也可以主張：「我想這麼做！」但是，自由必定會伴隨著責任。就像你有你的感受和想法，別人也有他的感受和想法，這兩者是連結在一起的。所謂「適當的」方式，是指在心意可以相通的合理範圍中表達自己的情緒。

雖然將情緒全數宣洩出來和單方面壓抑情緒，乍看之下是完全不同的兩種狀況，但實際上卻有個共通點，那就是在根本上都沒有成功與外部世界產生連結。看到某人隨意將情緒發洩出來時，比起去理解那個人，人們大多更傾向於避開。看到壓抑情緒的人時，則會不曉得那個人到底在想什麼，而覺得很難靠近。就結果來看，兩者在與他人的情緒交流上，都遭遇了失敗。事實上，這兩種方式就像銅板的正反面那樣緊密相連，所以我們常會看見壓抑情緒的人突然爆發，把情感完全宣洩出來。

內在的情感應該要與外界連結並相通，但因爲無法做到這點，才會壓抑負面的情緒，而壓抑將會逐漸消耗更多的心理能量。根據羅伊・鮑邁斯特（Roy

Baumeister）的「自我消耗」（ego depletion）理論，人類的意志力並非無限的資源。自我控制力是有限的能量資源，只要發揮自我控制力，能量就會被消耗，所以爲了持續維持，必須要補充新的能量。然而，無法與外界連結，就代表無法從外界獲得燃料。因此，一旦感到疲憊、經歷不好的事情，或是因爲其他各種原因而失去耐心，情緒就會毫不保留地爆發出來。

雖然情緒壓抑到後來終究爆發的人，自有他正當的理由和一直以來所累積的怒火，但其他旁觀的人並無法全盤瞭解他在心裡上演的一連串小劇場。那種人總認爲自己是個會「忍耐」的人，平常也屬於憨厚老實、很有耐心的類型，所以經常會忽略，讓他們「爆發」的主體其實正是他們自己。他們認爲是超出常理的狀況將有耐心的自己逼入絕境，又或是他人造成的問題。

他們的內在就像哲基爾與海德那樣，產生情緒上的分裂，旁人別說是要理解他們的內心了，光是要將他們看作行爲一致、值得信賴的人就很困難。鬱悶的情緒累積越多、爆發的強度越強，要與他人的心靈產生連結就會越來越困難。因此，要如同壓力鍋排出蒸氣那般，一點一點地調降心理壓力，將情緒表達出來，與外界溝通，藉由挖鑿疏通情緒的渠道來獲得新燃料。如果回顧挖鑿渠道初期的過程，將有利於奠定基礎，挖鑿出堅固又有彈性的渠道。

第一章有談到愛因斯沃斯的陌生情境實驗，其中不安全依附類型的孩子（難以和母親分離而哭鬧不停的孩子，稱爲「焦慮／矛盾類型」），以及對母親漠不關心、沒有情緒反應的孩子（稱爲「逃避型」），他們所表現出來的情緒反應，是用自己的方式適應最先映照他們模樣的鏡子，也就是照顧者的風格後，最終呈現出來的結果。

這些孩子都未曾透過「適當的」方式來表達自身的情緒，和照顧者在合適的狀況下產生連結。照顧者應該成爲映照孩子情緒的鏡子，去理解孩子的情緒、看懂埋藏在情緒深處的想法，並且幫助孩子消化情緒，但他們在許多方面都不擅長調節情緒。爲了適應父母拙劣的調節方式、爲了生存下去、爲了不失去父母，孩子替自己尋了一條活路。觀察過度發洩情緒的孩子，會發現他們的父母面對孩子的情緒要求，往往呈現出不一致的反應，所以孩子無法預測父母的反應。照顧者並非按照孩子的需求，而是根據自己的心情起伏，有時展現過度的愛意，有時則顯得漠不關心。孩子不曉得父母何時會回來，所以才爲了確認父母的愛意和關心而哭鬧不停。在一陣哭鬧後父母終於回來，但他們的反應往往令人焦急又不符合期待。因爲那並非是孩子想要的，而是父母在那瞬間能給予的。

另一方面，觀察對照顧者漠不關心、沒有情緒反應的孩子，會發現他們的父母在孩子需要的瞬間經常往後退，避免肢體接觸，並且克制情感表達，展現出很冷漠的模樣。孩子很自然地就會知道，他的情緒訴求沒有效果，而且也無法從父母身上得到需要的安慰和照顧。雖然很氣父母，但也知道如果將怒氣發洩出來，就會造成更大的負面效果，所以他選擇不靠近，以免父母離得更遠。

這些孩子在很久以前學習到的生存法則，到了成年之後依然在運作。沒辦法透過鏡子確認自身情緒的孩子，無法辨別自身情緒的實際模樣，不曉得自己究竟是悲傷、生氣、害怕、悸動還是興奮，只能感受到模糊又陌生的情感波動，無法找到相符的詞彙來形容。由於無法替那些情緒標記正確的名稱，所以也就沒辦法將情緒表達出來，找到一個適合的方式來與外界溝通。

大聲哭鬧、纏著父母不放的小孩子，在長大成人後，仍舊使用著難以理解的語言，愛跟人耍賴，並採取固執的行動，企圖藉此訴說自己的心情。然而，那份心意反而讓人想落荒而逃。過度壓抑情緒、放棄與外界連結的那個小孩，即使長大成人，還是像個情感麻痺的人一樣，度過索然無味、沒有生氣的生活，而且也很難察覺他人發出的情緒信號。

爲了重新挖鑿老舊且磨損的情緒渠道，得由自己來滿足當初匱乏的情緒。必須覺察自己內在的情緒，爲那份感受找到相符的名稱，然後理解埋藏在情緒中的需求和期盼才行。除此之外，還需更進一步地與外界溝通，藉此滿足那份需求和期待。

血管如果沒有發揮功能，血液循環就會不好，造成身體疾病。同樣地，情緒渠道如果沒有發揮作用，就無法進行情緒的循環，終究會讓人的內心生病。這時，人就會以心死的狀態生活下去，或是被負面的情緒籠罩，將心中的不愉快發洩出來，有時還會爲了逃避這種情緒而選擇傷害自己。如果持續忽略情緒發出的信號，勉強追求超出界限的目標，最後就會陷入無助，與自身的需求錯開，在毫不相干的地方茫然地徘徊。

本章將會說明情緒的溝通，也就是與外界的連結會如何從情緒的漩渦中拯救我們，而各式各樣的情緒經驗，又在對我們發送什麼樣的信號。希望各位能握穩人生的方向盤，不再錯過情緒的信號。

覺得很虛空，彷彿一切都沒意義

把情緒說出來能改變什麼嗎？

「內心」這個抽象的概念，實際存在我們的大腦中。腦不僅是掌管理性思考的器官，同時也是情緒的中樞。然而，在「我思故我在」這種理性主義蓬勃發展的世界上，情緒經常被視爲不成熟且多餘的東西。在嬰孩出生之前，情緒的痕跡已經深深烙印在體內，這是人類進化後的結果，但情緒卻在嬰孩長大成人的過程中，不斷

遭到否定。不要感情用事、不要表現出你的情緒、要以正向的情緒來僞裝，諸如此類的信號排山倒海而來。這些與我們內在世界的風景不搭的聲音，逐漸占去我們內心能進駐的位置。像這樣被壓抑的內心，往哪裡去了？

許多人覺得表達自己的情緒，和他人分享，是一件很尷尬的事。甚至連前來心理諮商的晤談者，都針對這點向我提問：「說出來能改變什麼？」「問題還是沒解決啊！」他們憤怒地將焦點放在沒有改變的外在環境，因而錯過了自己內在世界的信號。有時他們還會貶低情緒的價值，厭惡情緒化的人。

當然，把情緒表達出來並不能解決問題。但情緒本身就是必須處理的最基本問題，也是貫穿人生的核心領域之一。不論你感受到什麼樣的情緒，都要覺察它、爲它命名、表達出來並與某個信賴的人分享，得切實執行這一連串的程序才可以。當你沒有正常執行前述的程序時，爆發出來的情緒就會攻擊你的身心。雖然表達情緒並不能解決現實中的問題，卻能預防你的身心接受到危險訊號，進而招致更大的痛苦。

如果你將情緒表達出來，藉此減低心理上的壓力，就會有餘力和能量去解決外在的問題，因爲原本用來隱藏並壓抑情緒的能量會被省下來。除此之外，有某個值得信賴的人，能接收你表達的情緒，將會爲你的人生帶來龐大的勇氣。你會領悟到，自己不是孤身在這個世上奮鬥，有某個人正在替你加油、支持著你。因此，在情緒上與他人產生連結，是富有人味的人生該具備的最基本要件。如果沒有這樣的連結，你的心裡就會產生一個疑問：「我爲了什麼而活？」

忘卻空虛的掙扎

無法覺察情緒、無法清楚形容自己的情緒，這種狀態又被稱爲「述情障礙」（Alexithymia）。有述情障礙、對情緒無感的人，在內心深處，會不自覺地對自己產生不恰當的情感。他們會覺得自己和別人不一樣，有時還被人指責過度冷淡、過分理性，然而，他們自己卻很難察覺到底是哪裡出了問題。

就算是表面上擁有美好的人際關係，受到許多人歡迎的那種人，也極有可能覺得自己在情感上無法和他人產生深刻的連結，因而認爲自己的行爲相當虛僞。比起眞心信賴、喜歡他人，他們更覺得自己是爲了融入社會才做出討人喜歡的舉動，可以說是一種角色扮演的遊戲。所以他們卽使表現得很親切，心裡仍然會對自己的善意產生懷疑。「我只是爲了生存而利用他們。我只是按照自己的需求和人們交往，把他們當作工具罷了。」爲了隱藏這種冷酷的心理，他們努力僞裝得更親切。又或是無法建立深刻的關係，因而拉開距離，成爲一個在遠處旁觀的人。

沒有照顧好情緒的人最常感受到的就是空虛。空虛雖然什麼都感覺不到，卻是能威脅人存在意義的強烈情緒。心裡空蕩蕩的，無法與任何人事物產生連結，一種既不好也不壞的狀態，爲了擺脫那種感覺，人們有時會幻想自己消失不見。而最近這個世代，除了切斷與他人情緒上的連結之外，還有許多能讓人忘卻空虛的方法。毫無目的地在網路上流連數個小時，呆呆地收看 YouTube 演算法推薦的影片，也可能沉溺於電玩遊戲的升等，或是肆意揮霍金錢，用飲食塡補情緒上的飢渴。有些人還會用酒精和藥物來忘卻自己，又或者越過道德的界線做出脫軌的舉動，最嚴重的是，還可能會傷害自己。

另外有一部分具備高度生產力、自制力很強的人，則是覺得這些方法既不健康又沒有意義，所以選擇瘋狂地投入工作。對他們來說，人生的成就是能填補內心空洞的最佳手段。他們在社會上大部分都被視爲很有能力、勇於挑戰又有野心的人，是許多人羨慕的對象。不過，一旦工作停下來，趁隙鑽入的龐大空虛感，就會侵蝕他們的全身。那時，他們投入全副身心去做的事情也會遇到低潮，面對任何事都提不起勁，甚至連過去極度渴望、努力追求的目標也變得毫無意義，開始思考獲得成功究竟是爲了什麼？

活得像個人

我們大多沒有認眞學過調節情緒的方法，而且我們在物質上和精神上也沒有餘力關注自己的情緒。但是，所謂的情緒，並不能因爲我們不懂得如何處理，或因爲沒有時間就放任不管。只要人能感受到情緒，就不可能度過將情緒排除在外的生活。

因爲你如果無視，甚至是排斥名爲情緒的這個難搞的客人，總有一天會付出慘痛的代價。

「我爲了什麼而活？」要回答這個問題，就得在情感上挪出空間，花時間照顧情緒才行。照顧情緒就像是在替絨毛地毯梳理。地毯在反覆的踩踏後失去光澤，絨毛也變硬結塊，這時如果出手整理，它就又會找回原先柔軟又蓬鬆的觸感。如果精心照顧情緒，修復情緒的紋理，那麼情緒就會擁抱我們，成爲支撐我們的暖流，同時也會成爲我們活著的證據以及人生的意義。

不自覺地感到煩躁

我也不喜歡發脾氣

正在閱讀這篇文字的各位，你們每天有多常覺得很煩躁？「煩躁」在字典中的定義是「不合心意而勃然大怒的行爲，或是具備那樣的性格」。也就是說，有某件事情不合你的心意，因而引發你的不滿和不快，讓你感到不耐煩。

從「不合心意」這個煩躁的定義，可以看見人生的辛苦。因爲在人生旅途中，

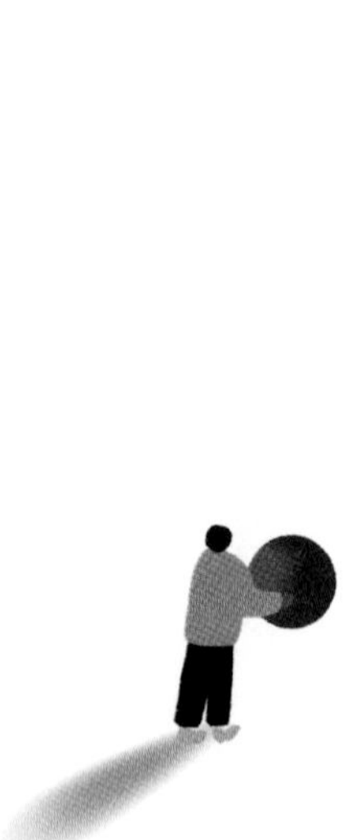

符合自己心意、讓人感到滿足的瞬間實在罕見，而與自己的心意不合、煎熬難耐的時刻卻相當的多。如果所有事情都能順自己的意思進行，就再好不過了，但是世上的事卻很難如願發展。不合心意的人、不合心意的現實、無法隨心所欲揮別的過去，再加上不如己意的未來，有各種讓你感到煩躁的原因，世界上彷彿到處都有能惹你生氣的事情。

過度的煩躁可能是精神疾病的症狀之一。罹患憂鬱症、雙相情緒障礙症、經前症候群、焦慮症等病症時所出現的煩躁狀態，被稱爲易怒（irritability）。這種症狀通常較爲短暫，病患對荷爾蒙變化等刺激的忍受度降低後，容易失去平常心，變得很敏感。然而這不只是精神疾病的其中一個症狀，也有人平常就看每件事都不順眼，很容易發脾氣。如果連非常瑣碎的小事都能招惹到你，覺得煩躁的感覺難以克制時，就代表你處理情緒的心理機制整個都出了問題。

容易發脾氣的人，神經總是處在敏感的狀態，而且緊張、焦躁、憤怒等各種情緒在體內交織，往往帶給人一種不安的感覺。這種人經常悶悶不樂，感覺只要受到輕微的刺激，就會立刻爆發，但本人卻覺得不管怎麼發脾氣，心裡都還是不暢快，這是因爲他們無法理解自己情緒流動的脈絡。忍受許久的不愉快，隨著龐大的壓力宣洩出來，這時表現出來的情緒就是煩躁，但對當事人來說，一直以來都習慣壓抑，實在很難掌握情緒的實際樣貌。他們不知道自己爲什麼覺得煩躁，也不知道該如何做，只覺得自己被困在不愉快又猛烈的情緒漩渦中。持續被負面的情緒籠罩時，會覺得人生的痛苦和不幸接二連三地來襲。

再加上如果遇到瑣碎的小事也會發脾氣，就會在不知不覺中變成到哪裡都不受歡迎的人。因爲周遭的人都會不自覺地看那人的臉色，總是提心吊膽。另外，情緒的傳染力很強。身旁如果有負面的人，自己就會不經意地淪爲悲慘世界的一部分。不過，發脾氣的人自己也很痛苦。總是有什麼事不如意讓他發脾氣，但狀況也沒有因此改變。發完脾氣後，他又會感到自責：「我這麼敏感，是不是讓身邊的人很辛苦？」那麼，讓人煩躁、發脾氣的原因究竟是什麼呢？

煩躁的起源

透過煩躁在字典上的定義可以得知，那是一種「因為不合心意」或「覺得自己的欲望受到外界壓制時」會產生的模糊情緒。一般來說，幼兒出生後大約滿二十四到三十六個月時，容易感到煩躁，經常會鬧脾氣。幼兒在這時期對自主性的需求增加，好奇心旺盛，所以什麼事情都想親自嘗試。不過，看顧孩子的照顧者卻因為擔心孩子遭遇危險，又或是沒時間等待孩子、難以忍受孩子的笨拙等原因，限制孩子的行動，這麼一來，孩子就會因為無法按照自己的意思去做而感到煩躁，但孩子很難用語言表達那種情緒，所以會藉由哭鬧、丟東西或是大叫等舉動來表達。

根據一系列研究的結果，母親的控制欲越高，對孩子情緒狀態的覺察能力越低，孩子就越容易發脾氣。據說，韓國父母整體上的控制欲都偏高，而且對自己的情緒遲鈍，很難覺察到孩子的情緒。在這種情況下，照顧者會對孩子的情緒經驗持否定的態度。「這沒什麼好生氣的！」、「怎麼因為那點事就生氣？那沒什麼吧！」不曉得該如何回應孩子情緒上的需求時，照顧者選擇忽略孩子在情緒上感受到的痛苦。

「你是要媽媽怎麼樣？」、「那個你應該自己想辦法啊！」

如果無法覺察孩子的情緒，光是限制他們的行動，會造成更危險的後果。孩子如果能將情緒表達出來，就算是很彆扭的舉動，至少是用自己的方法消化了情緒，也可以藉由外界的反應瞭解到那是負面的情緒。然而，如果在孩子用錯方式表達情緒時給予嚴厲的處分，或是強勢地抑制孩子，不讓孩子採取任何行動，孩子的情緒就會在沒有消化的狀態下留在心中逐漸腐爛。

需要情緒的支撐木

好的照顧者會直接介入，幫助陷入負面情緒的孩子調節情緒。照顧者能釐清孩子爲什麼發脾氣、耍性子，讀懂其中隱含的情緒，並將之轉換成孩子能夠承擔的型態，替孩子梳理開來。藉由這種回應，孩子能理解自己的情緒，同時也能學會該用什麼樣的語言表達情緒。他們能爲自己內在的情緒找到恰當的言語，並且能透過表達來與他人產生連結。

好的照顧者並不只是提供情緒上的輔助。當孩子爲了表達負面情緒而犯錯時，照顧者在教訓的同時，也會提出其他方案。「原來你氣到想打媽媽啊？不過打人是不對的，你生氣的時候要用說的告訴媽媽。」

說出來能改變什麼？如果你心底懷疑表達情緒所能帶來的改變，大概會對這種討論情緒的對話感到陌生，覺得很丟臉。而且你也不太能想像，把情緒表達出來後會發生什麼樣的狀況。「生氣的時候跟媽媽說」這之後究竟可以怎麼回應？

如果沒有經驗，就會非常難想像。在情緒不被接受的環境下成長的人，很難想到能做出什麼樣的回應，但實際上能給予的回應相當地多，雖然很微小，卻有很大的效果。

「生氣的時候跟媽媽說。」

「我會抱著你直到你消氣爲止。」

「我們一起找找看能消氣的方法吧！」

「我拿一個可以讓你盡情出拳的娃娃給你。」

嘗試各種方法之後，一定能找到融化孩子怒氣的情緒鑰匙。如果想盡辦法後還是沒有效果，只要陪伴孩子直到情緒的漩渦過去就好。「我會等你平靜下來。」

當孩子煩躁不已、不知該如何是好的時候，如果獲得重要他人言語上的幫助，得到溫暖的慰藉，就能替來歷不明的煩躁賦予具體的名稱和脈絡，把它轉換成能一點一點消化的情緒。

我的情緒由我來負責

情緒能藉由與某人分享來消化，這種信念的建立可說是仰賴照顧者的表現，但惋惜的是，大多連照顧者自己都沒領悟到這點，也沒挖鑿出相關的渠道。另外，每個孩子天生的性格都不同，難搞和善變的程度也差非常多，因此不管照顧者再怎麼積極地嘗試各種方法，還是有可能行不通。

天生的個性沒辦法全部改正，所以不該責備孩子的天性：「你到底是像到誰才會這樣？」而是要提供養分，讓孩子能認可自己天生的特質，並且學會如何在生活中管理。當然，這需要更多的耐心和細心。

父母和子女之間的緣分就像隨機播放的結果，不管是擁有情緒健康的父母，還是生了情緒穩定，天生個性比較不挑剔、不敏感的孩子，這些都不是自己能夠選擇的。即使如此，我們還是要回顧自己幼年時期的經驗，以及與照顧者之間的互動，這是爲了學習一個好的照顧者必須提供的情緒照顧，然後由自己來塡補匱乏的部分。

一個人找不到辦法時，也可以試著向專家求助。但對某些人來說，這是攸關生存的問題，有許多人因爲情緒的痛苦而殺害自己，或是過得猶如行屍走肉。

如果你樂意爲自己的情緒負責，並且認可照顧情緒是自己的義務，那麼就得仔細覺察在心裡流動的種種情緒。需要注意的是，煩躁這種感覺屬於未分化（undifferentiated）的情緒，就像是小孩子在「無法用適當的言語表達心中所想的時候」會體驗到的感受。通常，當你無法具體認知自己爲什麼生氣，也無法用適合的言語表達不滿時，心裡所湧現的情緒就是煩躁。所以很容易就會將煩躁的原因歸於他人或外在環境。「你不要煩我！」、「都是因爲這個世界太糟了！」、「怎麼會這麼沒有常識？」經常會像這樣難以平息怒氣。然而，如果總是如此往外找理由，就算知道了原因，大多也沒有什麼好辦法能解決，因爲他人的行動和周遭的狀況不會自動轉變成讓你滿意的狀態。

經常感到煩躁、愛發脾氣的人，要先承認自己在覺察和表達情緒方面不是那麼擅長。不管理由爲何，都要知道自己在負責那方面機能的情緒渠道並沒有發展得很完善，也要承認煩躁是自己內心的產物。大部分的人在這個階段都會感到困難，「對自己的情緒負責」讓人們感到恐懼，所以才會怪罪他人。

不過，就算他人的言語和行動刺激到你，那也不是導致你產生情緒的根本原因。無論如何，感受到情緒的主體都是你自己，在情緒上追究誰對誰錯，並沒有幫助。應該單純從功能層面來看——長期下來，什麼事情對自己心理上的穩定和成長有幫助？與其把希望放在不可能改變的他人身上，還不如任命自己當負責人，因爲你可以憑藉意志改變自己。

平息煩躁感的方法

如果鼓起勇氣，承認自己該爲情緒負責，就有必要充分地觀察自己在什麼狀況下特別容易覺得煩躁。通常對情緒的認識不夠深的人，總想合理化自己的行爲，他們覺得「在這種狀況下，任誰都會有這種感覺」。當他們發現即使狀況一樣，每個人的反應還是不同時，大多非常驚訝，這是因爲每個人重視的需求和價値都不一樣。因此，必須仔細檢視自己大多在什麼狀況中感到煩躁，在那種狀況下感受到什麼樣的情緒，或者浮現什麼樣的想法，而那種情緒和想法中所隱藏的需求是什麼，自己想要的又是什麼。

如果從未傾聽過內在的情緒和需求，缺乏將其表達出來的言語，就得先熟悉表達人類情緒和需求的大衆語言，並且先在生活中練習。「我很煩」、「我很生氣」，不是這種糾結成團、模糊不清的措辭，而是要預先準備能細膩又溫柔地將情緒表達出來的言語。

如果很難掌握並駕馭這類的語言，也可以用身體的感覺等其他渠道來表達。你可以用黑漆漆的顏色或是活潑的音樂來表達你今天的心情。倘若覺得心情猶如胸口上壓了一百顆石頭，就想像那個場景，細細感受身體傳來的感覺。

關鍵在於，不管那是什麼，你都需要能完整地感受情緒，並讓情緒回到自己身上的方法。爲此你必須嘗試各種不同的方法，發現適合自己的情緒渠道並做準備，好在遭遇危機時啟動。

重複這樣的過程後，你就能看出讓自己感到煩躁的固定模式。如果你承認這樣的模式源於自己，就等於是學會了控制煩躁的方法。不一定要將外在的刺激找出來除掉，只要你知道自己爲什麼感到煩躁，可以理解自己，也能具體表達出你想要的是什麼，煩躁的感覺就會神奇地大幅減少。這是因爲「不合我的心意」而帶來的不愉快，已經藉由適合自己的語言和感覺轉化成可以消化的型態了。

先認知到自己該爲情緒負責，然後再向他人表達難過的心情，更有可能獲得自己想要的東西。例如：想和伴侶一起度過週末，狀況卻不允許時，如果責備對方：「都是你惹我生氣的！」對方爲了保護自己，會採取防禦姿態，回應說：「我有做錯什麼嗎？」相反的，如果坦率地說出自己的需求和心情，告訴對方：「我想和你待在一起，卻沒辦法那麼做，所以我很難過。」對方的心情也會跟著緩和下來，以開闊的心態和你對話。

當然，不能只是期待憑靠他人的善意來實現自己的盼望。當你意識到在負面情緒的背後，隱含著沒有被滿足的需求，就應該主動且積極地採取行動，滿足自己的需求才對。「我希望下週能跟你一起度過更多的時間。」你得像這樣明確地說出自己的期盼。你的需求當然有可能被拒絕，但是你如果藉此清楚感受到自己與他人之間的距離，就會更明白自己該做什麼。雖然主動的行爲不見得能爲你實現期盼，但因爲你已經盡力，才有辦法放下。

消化完情緒後，認淸的可能是自己現實的界限：「原來你沒辦法啊！」、「原來我也沒辦法啊！」不過，如果你已經充分認識自己情緒的實體，並且爲了照顧自己的情緒盡最大的努力，那麼你也會找到方法解決積壓在心裡的情緒疙瘩，知道之後該往哪一個方向前進而邁入下一個階段。當對方和環境尊重並傾聽你的內心時，你會心懷感謝，即使那不一定完全與你的期待相符；當對方不得不違背你的心意，而且彼此之間的衝突對你造成傷害時，你也會懂得跟那個人和環境保持適當的距離。

一停下來內心就會感到空虛

來自成癮的邀請

想像一下什麼都不做，完全只有自己一人獨處時的寧靜。來自波蘭的社會學家齊格蒙・鮑曼（Zygmunt Bauman）將現代社會的特徵定義爲「失去孤獨的時間」。在週遭環境充滿刺激的狀況下，我們經常會對某件事上癮。只要有短暫的空檔，我們就會四處尋找有趣的事物來忘卻日常的無趣和煎熬。從酒、香菸、咖啡、安眠藥、

毒品等物質成癮，到賭博、性愛、遊戲、購物、爆食、滑手機等行爲成癮都有。科學技術的發達，正在生產一種過去未曾出現過的新型態成癮。或許廣義來說，我們大多數人至少都有一個成癮的行爲。

世上正迅速地產生變化，快到難以預測未來。值得相信並追隨的價值和時代精神逐漸式微，那個位置正在被不確定和模糊的東西取代。得益於科學技術的發展，物理上可移動的範圍擴大，溝通的機會也跟著增加，但能穩固支撐我們精神的對象和空間卻漸漸地消失。沒有扎根且居無定所，四處在飄蕩，這種漂浮的感覺，或許就是我們心裡深處感到不安的根源。

若要問什麼是資本主義時代的精神，那鐵定是「錢就是法，就是眞理」。沒有錢很痛苦，因爲錢而引起的悲慘事件實在太多了。「只要有錢，痛苦就會消失」、「只要有錢，我就不用過得這麼寒酸」、「只要有錢，內心就會變從容，我也能成爲一個好人」等，不管是誰，在心裡的某個角落，大概都有這種期盼達成願望的幻想。

缺錢的時候，就會想著只要有錢就能成就任何事，生計和安全也能獲得保障，並有閒暇去思考其他事情。然而，有時錢明明就不是最關鍵的原因，我們卻還是習慣拿錢當理由。「只要有錢，我想做的都能做！」

不過，如果眞的非常想做某件事，就算沒有錢，想必也會去摸索其他能做的方法。沒有任何嘗試，光是唉聲嘆氣，可能代表你不是眞的想做那件事。更進一步來說，事實上你或許連想做什麼都不知道。比起想做些什麼，更想逃避生活中必然伴隨的痛苦時，就會以肉眼清晰可見的物質爲藉口，像是「這都是因爲我沒有錢」、「都是因爲我長得不好看」等。

在讓人活下去的價值、讓人活得像個人的要素中，肯定有些部分是錢無法解決的。不過，當你毫無頭緒那會是什麼時、當你隱約感受到人生中缺乏的某個東西留下了深刻的空虛感時，中毒就會在那時侵入你的內心。

成癮和投入的差異

並非偏好某項物質或活動，就都是成癮的行爲。在精神疾病的定義中，成癮具備以下四個特徵。第一、渴望（craving），在做與成癮行爲相關的活動之前，有強烈想去做的衝動。第二、失去自制力（loss of control），無法自己控制與成癮行爲相關的行動。第三、耐受性（tolerance），爲了獲得和之前同等程度的滿足，需要更強烈的刺激。第四、戒斷（withdrawal），中斷成癮行爲時，會感受到難以忍耐的痛苦。

也就是說，所謂的成癮，就是嚴重沉迷到破壞生活的平衡，只依賴成癮對象而搞砸現實生活的狀態。沉迷於遊戲的青少年如果想成爲職業玩家，而不是成癮者，就不能只是玩遊戲，也要度過現實生活才行。要擁有可以依靠並溝通的父母和能一起玩的朋友，以及決心透過遊戲成爲某種人的目標意識，還需具備現實感，足以參賽並寫履歷給職業團隊。

可以從這部分區別成癮和適當投入的不同。成癮會破壞日常的平衡，使人將自己孤立於現實之外而變得狹隘。一般來說，成癮行為是為了忘記遭遇痛苦的自己和現實而選擇的逃避方式。相反地，正向的投入會讓你因為專注於某個對象而與外界建立連結，使自己更為開闊。遊戲成癮的青少年和在遊戲中發掘自我特質的青少年，其內在的本質有很大的差異。這種差異歸因於感知現實的自我強度以及自我控制力的差別。對成癮行為抵抗力較弱的人，很難憑自己的意志調節情緒、想法、行為及人際關係。當他們無法忍受日常的痛苦，得不到慰藉時，就會依賴成癮的對象。

有時，成癮的對象和行為是一種逃避生活中其他痛苦和課題的手段。有位罹患酒癮長達數十年的女性，她的人生只剩下酒。她最一開始喝酒的主要原因是失眠，只要睡不著就喝酒，後來開始嘔吐，腸胃變差，結果飲食也不規律，自然而然就瘦了下來。當她腦袋清醒時，常會下定決心：「今天不要再喝酒！」然後投入所有時間，在網路上持續搜尋戒酒相關的資訊。雖然在酒癮和飲食障礙方面她可以說是具備了專家級的知識，但她的日常生活終究還是受到酒精支配。

我和她的晤談時間也都是在談酒。過去一週喝了多少酒、該如何做才能戒酒、酒阻擋她執行哪些計劃等等。「我真的很讓人心寒，對吧？我會重新挑戰戒酒。」

滿滿都是和酒相關的話題。某天，我跟她說：「今天我們不談酒，講講其他事情吧！我很好奇撇除喝酒這件事，妳是個什麼樣的人。」結果她很難接著談論這個話題，她說：「我也不曉得耶，除了酒之外好像沒什麼好談的。」

在她爲了逃避現實而喝酒的那些日子，「成癮」開始和她自己畫上等號。我們約好在晤談時刻意避開喝酒的話題後，她開始有意識地關注自己的其他部分。後來，她開始談到那些被她自己忽略的故事。

成癮是放任自己、破壞自己的自我毀滅行爲，同時也是一種控制行爲，強迫自己依賴唯一可控的對象。背後隱藏的可能是凡事都不順心的無力感、控制不了的挫敗感，又或是在與權威者的關係中失去自由，所以選擇依賴可以隨心所欲操縱的遊戲、可以按自己喜好挑選的購物、可以順自己意思調整的體重。

即使從長遠的角度來看，這勢必會招來不幸的結果，但當事人還是無法放棄「可以預測的未來」以及「可以隨心所欲破壞的自己」。最終等於是交出自己作爲籌碼，持續賭一場注定慘敗的賭局。

從心理學角度看成癮

從神經生理學的觀點來看，成癮歸因於多巴胺分泌過剩。成癮物質和行爲會促進多巴胺分泌，使人感到快樂和興奮。一開始大腦雖是受到刺激才感到快樂又興奮，但只要一成癮，大腦就會用類似罹患強迫症的方式來運轉。即使成癮事物不再提供快樂和興奮，當事人心裡還是會有一種不去做就不行的緊張感和壓迫感。所以一開始雖然是出於自己的意志和選擇，但成癮之後，單單憑藉自己的意志是無法戒斷的。

因此，如果想瞭解成癮，就必須瞭解其他與成癮相關的內容。從心理學的角度來看，成癮是一種自我調節能力不足的表現。自我調節能力並無法白白獲得。剛誕生的嬰孩沒辦法靠自己的意志獨自行動並調節情緒，嬰兒即使眼中充滿了睏意，也無法自己入睡，常會在睡前哭鬧。母親得安撫並哄孩子，讓孩子冷靜下來，並輕拍孩子直到他熟睡爲止。孩子在母親的照顧下，逐漸學會如何整頓自己不愉快的情緒。或許人類從不完全的模樣，到成長爲獨當一面的大人之前，都沒有任何東西是平白無故地得到的。

根據依附理論，幼兒無法自己調解情緒，幼兒需要能反映並承擔自身情緒的他人。體驗過安全依附關係的人，能自然接受生活中發生的痛苦，而且也從中學習到，痛苦可以在關係裡被撫慰。這會烙印在情緒和記憶的儲藏室——邊緣系統，保留住受到環境支援的感覺，並且會持續一輩子。

如果有感受到自己與世界的連結，有時就算會覺得孤單，也不會被寂寞吞沒。當然，以存在論的觀點來看，人終究是獨自一人的。但這樣的人等於是相信，在關鍵時刻自己可以在世上求得幫助，而且這份信心還會成爲預防成癮的保護裝置。

在安全依附關係中，建立對他人的信賴以及對自己有正面態度的人，被歸類爲安全型依附。這類型的人面對人際關係時心情舒坦，並且能按照自己的需求，自然地調整與他人之間的距離。另外，他們很擅長從自己周遭的環境中，取得想要的東西。不過，安全依附並不代表無條件的包容和全面性的支持，安全依附是由適當的教導和照顧達成平衡後形成的。

在過度包容的環境中成長的人，無法培養出承擔挫折的能力，所以很難調節自己的衝動；相反的，在過度冷漠且嚴格的環境中成長的人也和衝動的人一樣，很容易出現成癮的行爲。他們過度壓抑自己的情緒和想法，不知道該如何讓自己放鬆，爲了脫離綑綁自己的壓迫感，終究落入成癮的陷阱。

只想展現部分的自我

另一項能從安全依附關係中獲得的重要心理資產，就是對自己是什麼樣的人有綜合性的認知。也就是說，能藉由反映出自己的安全對象，瞭解到自己是誰。而這種綜合性的認知，以及能接納自己各種面貌的力量，就會成爲主導自己人生的原動力。最近常見人們在缺乏對自我綜合性認知的情況下，過度曝露片面的自我形象。其中最具代表性的例子，就是社群媒體的盛行。社群媒體之所以被視爲新型的成癮行爲，主要得歸因於媒體的片面性。

網紅只要公開自己的日常生活，粉絲就會按「讚」並留言。他們穿的衣服、使用的產品、去的地方等，全都成爲熱門話題。想利用他們的名氣發揮廣告效果的企業跟著登場後，社群媒體成為一個創造新收入的市場。關注的人越多，賺的錢就越多，還能展示出越多迷惑人心的「華麗生活」。在這種連鎖效應中，他們只會挑自己喜歡的樣子上傳到社群媒體。

美國的臨床心理學者蘇珊娜・E・弗洛雷斯（Suzana E. Flores）曾警告過自我編輯的危險性。選出拍得最好的自拍照後費心修圖，弄出完美的外貌；搭乘超級跑車，入住豪華飯店享受旅遊，這都不是那些人的全貌。然而，不論是持續選擇性的曝露那種樣貌的當事人，還是看著他們的大衆，都相信眼中所見的就是全貌。在這過程中，人類理當擁有的界限、弱點、負面的經驗等，都被擠到舞台後面。社群媒體上的主角承受著要維持華麗面貌的壓力，看著他們的大衆則在比較之下覺得自己微不足道而感到悲哀。

如上述所說，社群媒體最大的潛在危機就是人格片面化。我們什麼時候會覺得自己是個不錯的人，正受到他人的寵愛？大概是在我們覺得自己很不足、很辛苦又難過，卻還是有人守在身旁的時候。在那種狀況下，可以透過他人確認到自己的價值。並非因為自己很優秀、很完美，而是即使沒那麼美、有點不足，還是覺得自己很好，那時才能夠愛自己，也才能夠以同樣的視角去愛他人。但是當社群媒體上被編輯得光鮮亮麗的那個自己受到他人崇拜時，其他被割捨的模樣都無法被納入自己的一部分，這會誘發未知的不安和空虛感。而爲了忘卻那些感覺，人們又會尋找其他成癮的事物來填滿自己。

克服成癮的微小感受

要停下成癮行爲是很不容易的事，除非找到能比現在的成癮事物提供更大獎賞的某個東西，否則只會繼續輾轉於各種成癮對象之間。終究得從孤立的內在世界走出來，與現實世界連結，才能恢復有意義的關係，而當你能在關係內解決那段關係發生的衝突時，才有辦法克服成癮的問題。

這單憑個人的意志是很難做到的。普遍來說，家人或是親近的人當中如果有成癮者，人們不只會承受非常龐大的痛苦，還很難持續對成癮者投以關懷的視線。不過，爲了恢復而扣上第一顆鈕扣的時間點，卻相當明確。也就是當成癮者發現自己嚴重與世隔絕的時候，他們需要的，或許只是某一種意義或存在，好把他們拉出自己的世界，放過那個「可以隨心所欲破壞的自己」。

即使世界不總是站在自己這邊，即使沒有人總是抓著自己的手，在關鍵的時刻，還是能在世上獲救，這種感覺讓我們活下去，也讓我們能將這重要的感受分享給他人。

這種被拯救的感覺，可能沒有你想像中的那麼龐大或了不起。我上大學後開始獨居生活，某一天手機故障，導致我和外界斷了聯繫。就那樣過了幾天後，有個朋友沒有事先約好就跑到我的租屋處，我訝異地看著突然來訪的朋友，他說：「我都聯絡不上你，還以爲發生什麼事了！」當時朋友說這句話的表情，我到現在都還記得。

過了數十年我依然記憶猶新，是因爲我那時心中其實有種失去信心，與世界隔絕的感覺：「就算我不在了，這個世界還是照樣運轉啊！」雖然世界很無情，但還是有個人眞的擔心我，不惜親自找上門，那種具體且眞實的感覺，那種與世界連結在一起的感覺，長久留存在我的腦海中。每每遇到危機時，它都會化爲一股信心的力量，支撐著我。

在活著的時候尋找那種感受並好好珍藏，然後再將那份經驗回饋給某個人，這才是生活被拯救的感覺。

提不起勁來的深深無力感

沒力氣的惡性循環

要做的事很多，卻連一根手指都不想動。史無前例的新冠肺炎大流行，導致人們獨自在家的時間增加，越來越多人感到無力和憂鬱。疫情長期化後，大家都切實地感受到，不管我們把手洗得再乾淨，口罩戴得再緊，這都不是個人有辦法改變的狀況。

在世上，這種無力改變的事情，無時無刻都在發生，不管我們願意與否，總是會被強行賦予要適應新變化的任務。不論我們怎麼想，都得減少和人們的接觸，並且越來越常居家辦公或是線上聽課。外界的強制性降低後，我們以爲自己能每天自在地生活，享受滿滿的自由，卻一直被事情追趕。今天如果不走路，明天就要跑步，明天如果不跑步，後天就要飛翔，只要你還是人，就鐵定飛不起來。都還沒有開始，似乎就已經失敗了。

這種時候，全身就會像是吸了水的棉花一樣整個塌掉，提不起勁去做事。或許我們只是爲了維持生計，才不至於完全荒廢，而是勉強地持續做最基本的事情。如果是準備考試的考生，或是準備就業的待業人士，這等於是在無法集中精神的狀況下，不知不覺浪費時間。一回到家總是立刻躺平，週末也不想跟其他人見面，不想做堆積成山的家事，有時光是用手機看 YouTube，就能泡上一整天。

如果對他人傾吐這類的煩惱，得到的回覆總是「去運動」。運動的重要性我們也非常清楚，但實在沒有力氣執行，所以體力就變得更糟，最後連動都不想動了。去健身房看到其他人努力運動的模樣，至少還能產生一些動力，但想到要自己在家裡運動，就意志消沈。再加上一定要運動的想法變成壓力，反過來會折磨自己。連運動都不做，光是在家裡發懶，這樣的自己實在無法饒恕。太懶惰、太讓人心寒了，感覺沒有過度燃燒生命，這股無力感究竟是從哪裡來的？

生活沒有按照預期發展時會出現的信號

實驗室裡的狗，被關在避不開電擊的環境中。牠們就算遭遇痛苦的電擊，也沒有任何反抗，看起來相當沒有活力。當然，牠們並非一開始就是這樣。爲了避開電擊，牠們在小籠子裡想盡了辦法。然而，當牠們發現不管怎麼做都避不開時，就選擇屈服於痛苦的現實。後來，這些狗在下一階段的實驗中，被移至能輕鬆避開電擊的籠子內，但牠們已經學會消極應對的方式，完全沒有要逃跑的跡象，電擊發生時，牠們只是蜷縮在原地，默默等待痛苦的時間過去。

早前美國的心理學家馬丁・塞利格曼（Martin Seligman）便對這場實驗有深刻

的見解。當動物長期處於無法避開或克服的負面狀況時，就會陷入習得性無助（Learned Help- lessness），認爲不管採取什麼行動、付出多少努力，結果都不會改變。

馴服大象時用的也是同樣的方法。從小被繩子拴在木樁上的大象，長大之後也無法脫離繩子，雖然拔起木樁對牠來說根本輕而易舉。不過就算牠拔起木樁逃跑，也沒什麼地方可去。只要沒有再次被逮到或遭到人類槍殺，牠都覺得是不幸中的大幸了。人也是一樣。不管你再怎麼努力都無法得到你想要的，這種狀況如果持續發生，你就會無法鼓起勇氣，憑自己的意志去挑戰新事物。因此，當源頭不明的無助感襲來時，你有必要回顧看看自己生活。

「我想要的是什麼？我得不到的又是什麼？」

從受挫的需求衍生而出的無助感，是重要的信號，它正在告訴你，你現在的生活和你的期待有些出入。你以爲自己想要的東西，實際上有可能不適合你。想賺很多錢，所以勤勞加班，後來才發現用錢買來的幸福對你來說並不重要；覺得旅行很有趣，所以到世界各地遊玩，後來才發現你最喜歡舒適地待在家裡看小說；認爲穩定的職場最棒，於是成爲公務員，但每天重複不斷的工作，卻彷彿要把你榨乾了。

無助感也是一種身心能量耗竭的信號，正在催促你補充能量。然而，要察覺信號並回應，是非常困難的事。因爲選擇總是伴隨失去。即使工作繁重，忙到生病，依然無法輕易請病假或申請留職停薪。因爲收入立刻就會減少，在公司的聲譽會打折扣，升遷變得困難等現實問題相當沉重。所以當你明白自己想要什麼的時候，還要再問自己一個問題：「我有沒有勇氣放掉現在手裡握的東西？」

如果沒有勇氣，就必須承認你自己也助長了這股無力感。這不是要你馬上辭掉現在的工作。只不過，當你承認這看似走投無路的狀況，其實也有部分是自己的責任時，你就能重新獲得控制這個狀況的能力。你以爲自己是被迫繼續做這個工作，但仔細探究後才發現，其實是因爲你覺得維持現況比較好，才「選擇」這麼做的。

即使當下沒有馬上嘗試改變，只要知道自己還有選擇的餘地，這個信念就會成爲關鍵的鑰匙，幫助你克服無力感。「唉，算了。做一做眞的覺得不行，到時再辭職吧！」也可能是類似這種姑且試試的精神。世界並不會因此而倒塌，只要明白最後其實是掌握在自己的手中，就算世上沒有一件事順心，你也能擺脫自己是被害者的這個念頭。

完美主義，無力感的主因

造成無力感的另一個主因就是完美主義，但成天無精打采的人大部分不會覺得自己是完美主義者。因爲以他們的標準來看，他們不算是很努力的人，眼裡看見的總是自己的不足。然而，完美主義並不只是用來形容那些受到世人認可，達成某種完美基準的人。打從一開始，「完美」就不存在，所以那些想把事情做得完美的人，其實一直把能量耗費在不實際的幻想上。

盲目追求完美主義的人，大概到死之前都不會覺得自己「做得很好」。不過，度過日常生活時，我們需要的並非「很完美」這種自我陶醉的咒語，而是「做到這樣就很好了！」的態度。「雖然事情沒有完美地符合自己的預期，但有做到這種程度就夠了。」我們需要的正是這種自我滿足的態度。然而，完美主義的人對於放寬標準、滿足於此感到害怕。如果現階段感到滿足，似乎就沒辦法繼續發展，感覺會落後給其他人。

一直到某個時間點爲止，這種思考模式或許都還能發揮效用。過去可能正是托這種自我鞭策的福，才更努力地做事，因而獲得了好的成果。至今獲得的成就，讓這些人更認定自己的方式是對的，因此才沒辦法丟棄這種生活模式。

不過，我們的內心總是在追求平衡。如果在某方面耗費太多能量，就一定需要相對的補償。不斷鞭策自己，只看著前方瘋狂地前進，後來勢必會在某個瞬間失去力氣，困在原地而動彈不得。到了那時，連鞭策也會失去效果。不管再怎麼催促自己，跟自己說：「現在不該這樣。」但身體和內心卻都不聽話。這股無力感在告訴你，是時候向過去的生活方式道別了。不該繼續追求根本不存在的完美，而是要接受自己也是一個不完美的人。

另外，如果仔細觀察完美主義者的內在世界，極有可能會發現，他們並非因爲內心有某個期盼的基準，才會那麼努力。假如他們的完美主義眞的是爲了滿足自己嚴謹的基準而出現自我滿足的產物，那麼就不會突然變得無精打采。比起完美達到自己建立的基準，他們在更多的時候只是茫然地想獲得認可、討厭挨罵、期許自己成爲衆人稱羨的存在。

為了擺脫無力感的循環，你需要跨出一小步

綜合上述內容可得知，無力感會在你無法憑自己的意志改變狀況，或是追求過高的目標，渴望獲得他人的認可時出現。因此，若想擺脫無力感，就要從反方向下手。必須建立符合自身現況的基準，並從你當下立即可以嘗試的小事開始做，不管是什麼都可以。像是跟寵物犬一起去散步，或是出門喝杯咖啡，又或是打開窗戶讓房間換氣，這些都很好。去做非常小的事情，然後認定自己的成果：「這樣就夠了。」

雖然你可能會懷疑這麼瑣碎的小事能改變什麼，往後要走的路彷彿還有九萬里遠，讓人很想放棄，但是這些小小的成功經驗持續累積後，你就有辦法重新振作起來。除此之外，最重要的是得認清自己的界限。以國考將近的考生爲例，要讀的書明明堆積如山，但實在不想讀，所以開始做一些無意義的事打發時間。有這類拖延症狀的人，大部分都有完美主義的傾向，他們設定的目標，常高過自己的能力。不管再怎麼努力，都不保障能合格，而且也很擔心付出的辛勞都會白費。爲了面對恐懼的實體樣貌，你必須要對自己誠實，這可能很難做到，但你得認清現實：「原來我期待太大，超過了我現階段的實力。」

如此面對恐懼的實體後，要設定適合自己的合理目標。不要追求那些比自己更占優勢的人所訂立的目標和計畫，而是要擬定符合自己能力的目標。舉例來說，你看到國考合格的人說自己一天念十二小時的書，就跟著擬定了類似的計畫。但是實際去做才發現，自己的體力吃不消，讀個一兩天就作罷，這樣有什麼用呢？

計畫失敗後，便會拿自己跟別人比較，更受挫折，提不起重新開始讀書的念頭。這是因爲自我覺察力不夠，只想跟著他人擬定的目標前進，最後才會發生問題。與其這樣，還不如一天念三小時，即使時間很短，每天持之以恆依然能靠近目標，日常生活也會變充實。如果想著一天一定要讀滿十二小時，還沒開始就會很有壓力。不過如果跟自己約好一天讀滿三小時就好，心裡的負擔就會減少許多。萬事起頭難，但只要開始做，時間就會過得很快。所以有些日子可以讀到四小時，有時甚至能讀到五個小時，累積成功案例後，也會開始產生自信，體驗到原來自己也可以做到。

當然，並非自己努力多少，就能得到多少回報。不過就算你的努力沒有帶來想要的結果，這也是你自己選擇的路，而且如果已經盡力，勢必就不會那麼後悔。接受後便能承擔挫折，如果這條路真的不適合你，改走別條路就好。韓國的育兒權威吳恩永博士曾對重考失敗而傷心難過的兒子說：「所謂的盡全力，就是連最後的結果也一起接受。」

知道自己最多能做到哪裡，並且盡全力去做，過去盡力獲得的成果一個個累積起來後，一定會成爲一股動力，幫助你做出新的選擇。

比起幸福，我們更靠近痛苦多一些

錢買得到幸福嗎？

過去二十年，韓國在「經濟合作暨發展組織」國家中，自殺率一直位居前兩名，擺脫不了「自殺共和國」的汙名。自殺是人在對未來難以寄予任何正向的期待時，會走上的絕路。覺得現在很不幸的人，無法想像未來會變得更好，很難擺脫這種絕望的感受。國家經濟成長，發展得更好，爲什麼我們卻變得更不幸呢？

讓我們痛苦的，並不單純是因爲貧困。當所有人都感到不幸時，彼此還能互相安慰，但「我過得比其他人更糟」這種相對剝奪感，足以抹殺一個人的求生意志。

「我爲什麼比他人還不幸？」關於這個問題，不少人回答：「是因爲錢不夠。」那麼只要有錢，我們眞的就會變幸福嗎？關於「金錢是否影響幸福」這個議題，心理學家已經研究多年。根據目前相關研究結果顯示：「錢有影響，又沒有影響。」結論相當模稜兩可。這究竟是什麼意思？錢的影響力左右於幸福的定義。你怎麼定義幸福，將會改變錢對幸福的影響力。

衡量幸福的方法主要有兩種：第一，從認知角度衡量自己對生活的主觀滿意度。意思就是，以你自己的想法來判斷，目前的生活是否令你感到滿意。第二，從情緒角度來衡量你是否經常體驗到正向的情緒。喜悅、充實、溫暖、感謝、悸動、成就感等情緒越多，就越幸福。一般來說，如果錢很多，就有很高的比例會「認爲」自己度過相當滿足的生活。然而，大多數人覺得，並非錢很多，「感受」到幸福和快樂的比例就會跟著提高。

與物質上的富足相比，正向的情緒經驗更多是取決於是否在日常生活中獲得尊重、是否建立有意義的關係、是否學習新事物並感受到自己的能幹、是否擁有自由做想做的事等要素。當然，錢很多時，會有更多的自由和機會去做自己想做的事。不過，並非錢多就能自動滿足這些基本需求。賺很多錢的人經常忙著賺錢，甚至連花錢的時間都沒有。因此，爲了在生活中「感受」幸福，有必要積極地創造幸福，也就是要妥善準備享受幸福的時間和方法。

許多人覺得，幸福應該是一開始就要擁有的。亦即，幸福是預設值，不幸福是很奇怪的事。大家都是爲了過得更幸福，爲什麼活著卻這麼辛苦？很多人無法接受這點。然而，冷靜地分析後會發現，比起幸福，人生跟痛苦更靠近。如果隨便過日子，比起自動變得幸福，更容易陷入痛苦之中。不管再怎麼有錢，如果沒有積極創造幸福，錢反而會成爲阻礙幸福的要素。

根據經驗擴張假說（experience-stretching hypothesis），最極端的經驗會減弱人在日常生活中享受瑣碎經驗的能力。也就是說，特別且高級的珍貴經驗，會在無意中讓平凡的日常變得微不足道。曾經搭乘超級跑車欣賞美麗景緻的人，很難對老舊小車帶來的便利感到感謝。這就是爲什麼人人稱羨的富翁會離日常的幸福越來越遠，持續追求更高強度的刺激，而對毒品或夜生活上癮的原因。

甚至還有研究結果指出，人們光是腦中浮現金錢這個詞彙，就會遠離正向的情緒經驗。某位心理學家在實驗中讓一群人想起錢，然後再分給他們一塊巧克力，而面對另一群人時，則是直接分給他們一塊巧克力。有趣的是，先想到錢再吃巧克力的人，品嚐巧克力的時間比另一群人還要短，而且也不怎麼開心。

雖然尚未闡明這當中暗藏著什麼樣的心理機制，但可以發現，錢本身會剝奪人們品味某個事物的從容。因此，如果你帶著錢等於幸福的信念，埋首於賺錢的事業，最好回顧看看，自己在過程中是否錯過了什麼。

幸福也是天生的嗎？

另外，美國心理學家大衛・李肯（David Lyken）和奧克・特勒根（Auke Tellegen）發表了一項研究結果，指出幸福是天生的，會受到遺傳基因的影響，這讓人們相當震驚。他們表示，遺傳因素對幸福的影響率達百分之四十四到五十二，而環境因素則占不到百分之三。

除此之外，人類能感受到正向情緒的程度也是先天的，所以即使短暫體驗到喜悅的情緒，只要時間一過，又會回到原廠設定（set point）。也就是說，天生正向情緒偏低的人，不管做什麼事，都很難維持愉快的心情；正向情緒偏高的人，就算遇到負面的事情，也很快就能重新恢復到正面的狀態。

沒有含著金湯匙出生已經感到不幸了，竟然連幸福都是遺傳的？如果這樣想，或許會覺得出生在這世上很委屈，不公平的人生實在厭煩至極。不過，榮獲奧斯卡女配角獎的演員尹汝貞，曾經這麼說：「人生本來就不公平。不過，這其中的悲傷，只能由我自己來克服。」爲了克服悲傷，創造出自己的幸福，我想必須先承認生活確實不公平，而且自己能做的選擇也沒有很多。

承認這項事實後，該做些什麼？我們的選擇就從這裡開始。是要帶著再怎麼努力都贏不過有天賦的人的自卑感，就這樣結束不幸的人生，還是要去做現實中自己能做的事？

極端遺傳論者的主張，過分輕視了影響遺傳結果的環境因素。舉例來說，目前已知憂鬱症或精神分裂等精神疾病有很高的機率是來自於遺傳。然而，還沒有研究指出，哪一個特定的遺傳因子會直接導致憂鬱症發生，足以被命名爲「憂鬱遺傳基因」。當然，容易得憂鬱症的潛在因子確實是天生的，但根據後天的經驗和環境，該因子可能會被誘發而導致憂鬱症，也可能會受到妥善的管理而順利克服。

同樣地，在身體特徵上，最受遺傳影響的就是「身高」。身高的遺傳比例約占百分之九十，遺傳強度非常高。不過，即使天生遺傳到矮個子的基因，透過努力還是能改變部分結果。健康的飲食、充足的睡眠、穩定的運動習慣等，都有助於長高。當然，靠後天努力來改變的幅度，跟天生擁有高個子遺傳基因的人相比，還是比較小。但是，依然會比完全不努力時長得更高，而且藉由健康的習慣來改變日常生活的這個過程，自我效能感和自我滿足度也會跟著提高。如此一來，就算沒長到期望的身高，也會覺得自己的人生是有意義和價值的。

能獲得幸福的其中一個亙古不變的眞理，就是把焦點放在過程，而不是結果。最重要的是成熟地接受事實，瞭解自己如果想改變現實狀況，就需要更多努力，並且擬定可行的目標，持續往自己期盼的方向前進。

棉花糖什麼時候吃才會幸福？

若想積極地創造幸福，就要在日常生活中養成持續挖掘並享受幸福泉源的習慣。最近有個流行的新造語「小確幸」，意思是微小但確實的幸福。「小確幸」的熱潮反映出新的價值觀——比起追求未來不確定的龐大幸福，當下能夠滿足的小幸福，更能豐富人生。上班路上喝杯咖啡，下班後稍微散個步，睡覺前聽一首歌等等，越來越多人製作自己的微小幸福清單，並且一一在生活中執行。

在這過程中重要的是，放下他人擬定的幸福基準，發掘專屬自己的幸福：「原來我在這種環境中會感到寧靜！原來我喜歡這種類型的音樂！」沒什麼喜歡的東西，沒什麼想做的事，不管做什麼都提不起勁，這或許證明了你對自己一無所知。

另一方面，最近重視當下幸福的現象，跟以前爲了未來而忍耐並節制，甚至將這當成一種美德的風氣，確實有很大的差別。那麼，替未來做準備和追求現實的幸福，這兩者中哪一個才能獲得眞正的幸福？

一九七二年，美國史丹佛大學沃爾特・米歇爾（Walter Mischel）的研究團隊，進行了一項棉花糖實驗，該心理學實驗將忍耐和節制的重要性傳遍了全世界，相當有名。研究團隊把孩子會喜歡的點心棉花糖，放到四歲左右的孩子們面前。然後在離開實驗室前，告訴他們隨時都能吃棉花糖，但如果他們再等個十五分鐘，就會多給他們一個棉花糖。後來獨自留下的孩子中，有馬上把棉花糖吃掉的人，有勉強地等到後來依然吃掉的人，但也有靜靜地等到最後的人。

實驗後過了十八年，研究團隊追蹤當年參與實驗的孩子的現況，得出了驚人的結果。之前在實驗中沒有馬上吃掉棉花糖，而是靜靜等待的孩子，跟沒那麼做的孩子比起來，在SAT上（亦即美國大學入學測驗）獲得更高的分數，適應社會的能力很高，對毒品或酒精的成癮率也很低。

於是相關研究結果成爲了聖經般的指南，表示人應該爲了在未來獲得更大的滿足，而忍耐現在的需求，也就是強調延遲滿足能力的重要性。這內容也被改編成自我開發的勵志書籍，書名爲《先別急著吃棉花糖》，許多人認爲這是獲得成功的絕對原則。

然而，與棉花糖實驗相關的後續研究，卻提出了新的觀點。讓孩子養成耐性的原因究竟是什麼？二〇一二年，美國羅徹斯特大學的某個研究團隊，以二十八名孩子爲對象，進行了新的研究。

研究團隊跟孩子講好要做美術活動，只要他們稍微等候，就會拿色紙和黏土給他們。過一陣子後，研究人員依約拿色紙和黏土給其中一半的孩子，但跟另外一半的孩子說沒有材料，所以沒有給他們。接著又進行棉花糖實驗，依約拿到色紙和黏土的孩子大部分都靜靜等待，沒有吃掉棉花糖。不過沒拿到美術材料的孩子中，只有一個孩子等著不吃棉花糖。

這個研究結果顯示，當人對於未來的回饋感到沒有保障時，傾向於追求即時的滿足。在不確定等待之後是否能再拿到一個棉花糖的狀況下，當下先吃掉一個的滿足是獲得保障的。亦即，最近流行的「小確幸」、「YOLO」（You Only Live Once，人生只能活一次）等重視當下的新世代趨勢，有受到不透明的經濟狀況和極端貧富差距的影響。

比吃的時間點還重要的事

這篇文章的主旨並不是在強調現今這個時代應該要馬上吃掉棉花糖才是明智之舉，也不是把人們缺乏耐性的原因歸咎於不合理的環境。馬上吃掉棉花糖比較幸福，還是晚一點吃兩個棉花糖比較幸福，這會根據每個人的狀況和價值觀而所有不同。有的人覺得忍耐後吃兩個棉花糖很幸福，有的人覺得想吃的時候馬上吃掉時很滿足。只要不固執守舊，覺得自己的方式才對，或是批評他人沒有耐性，其實不管選擇哪一邊都好。

但是，選擇勢必伴隨著責任。飛快吃下棉花糖後反過來抗議，怪別人不多給自己一個，或是說自己肚子餓才不得不吃棉花糖，怪別人太無情並把問題推給環境，這些都是會招來不幸的行爲。我們必須承認，不管是現在吃棉花糖，還是之後再吃，都是自己的選擇。

另外，「不想等以後有空才做想做的事，現在我全都要做！」如果你是抱持著這種想法過生活，那麼我認爲你有需要重新思考看看。要做的事情只會越來越多，不會越來越少，如果現在不和身邊的人一起製造、分享回憶，以後就沒有人可以一起享受幸福。

我們必須明白，有的幸福現在就要把握，而有的幸福則得爲了明天先延遲。保持靈活，維持這兩者的均衡，並且在必要的時刻做出明智的決定。

即使世界不會總是站在自己這邊，
即使沒有人總是抓著自己的手，
在關鍵的時刻，還是能在世上獲救。
這種感覺讓我們活下去，
也讓我們能將這重要的感受分享給他人。

3.

即使是自己選擇的關係，也不需要擔負全部的責任

設立界線，找回關係的主導權

「大部分的人都很寬厚且善良」、「大部分的人都很自私且貪婪」，這兩句話你比較認同哪一句？每個人看世界時，都套用了自己的濾鏡。我們看待人類的基本信念和價值觀，對我們認知、解釋並判斷這個世界有很深遠的影響。

不過，我們通常都沒察覺到自己平常在生活中有受到那些信念的影響。因爲那個濾鏡已經和「自己」融爲一體，導致我們無法想像沒有濾鏡的世界，也從未想過其他人正在用別的濾鏡看世界。所以當我們看見濾鏡範圍外的部分世界時，很自然

會說出這樣話：「天啊！怎麼會這樣？」、「人怎麼可以那樣？」

如果你經常產生這樣的想法，就有必要檢視看看，自己是否一直戴著自己的濾鏡在過生活，覺得「世界應該要這樣，人應該要那樣」。「怎麼會這樣？」其實正因爲是人才會那樣。因爲是人，所以不管什麼事都有可能做出來，或許不論發生什麼事都不足爲奇。

人的特性並不適用非0即1的二分法，而是分散在連續的線條上。舉例來說，ＩＱ的分佈大多集中在平均值一〇〇左右，而且越接近兩端，密度越低。不過，即使是位於極端值的少數人，他們在這個世界上依然是實際存在的。換個例子來說，在精神疾病傾向的測驗中，大多數人的測驗結果會集中在平均值，但傾向極低的人和傾向極高的人，還是會在分佈圖上占據一個小點。

如果被我們看作常理的大部分特質，實際上只是將多樣性融合後，隨機形成的一種基準，那麼在現實中勢必會有脫離常理的人物，也總是會一再發生超出理解範圍的事情。鐵定會有人和自己不同，不符合自己基準的人，比符合基準的人更多，接受這個事實應該就是踏入現實社會的第一步吧！

假如你很難察覺自己在看世界時套用了什麼樣的濾鏡，那麼可以從自己在生活中經常使用的詞彙，以及時常會浮現的想法開始檢視。看到地上的垃圾時，你是否會狂搖頭，心想：「人類正在對地球造成危害。」看到有人車子不停在停車格，反而停在公寓前的入口，擋住出入時，是否會皺著眉，心想：「再多走幾步難道腳會斷嗎？怎麼只顧著自己方便？」在擁擠的上班路上遇見衝撞他人肩膀的人時，是否會有股開口大罵的衝動，在心中詛咒對方：「沒看過這麼沒禮貌的人。你最好走路跌倒，摔斷鼻子！」雖然在這些狀況中，很自然會產生不愉快的情緒，但如果你的世界裡總是充斥著讓人不舒服的刺激和沒禮貌的人，就有必要檢討自己套用的濾鏡是不是只呈現出世界的某個樣貌。

人在地球上製造的垃圾最多，但同時也持續在研發環境友善的技術；人會違法停車，卻也會在救護車鳴笛時讓路；人會衝撞別人的肩膀、插進排好的隊伍，但也會替身後的人抵住打開的門。在你生活的世界中，你更常遇見什麼樣的人？

世上不只有無禮又惡劣的人，也不只有親切又善良的人。每個人的內在都有兩種不同面向共存，我們都位在善與惡這兩個極端光譜上的某一個位置。雖然衝撞別人的肩膀，連一聲道歉都不說就走掉的人，和替身後的人抵住門的人，不見得會是同一個，但前者並不一定總是那麼無禮又急躁，可能是那天剛好有急事，才慌張地跑得氣喘吁吁。在實際跟那個人見面，聆聽他的故事之前，我們絕不可能知道他是什麼樣的人。

除此之外，聽了同樣的故事後，對同一個人有不同的評價，也是常常會有的狀況。因此，在我們堅信自己「瞭解」某個人之前，應該先問問自己：「我用什麼視角來看他？」、「我看到的就是他的全部嗎？」

並不只有對待別人時才需要這樣。你對你自己有多瞭解呢？你平常都用什麼視角看世界？你真的瞭解事情的全貌嗎？你清楚知道自己受到他人多少影響，而你又帶給他人多少影響嗎？如果你能對自己拋出這類的問題，記住「你可能不太認識自己的某些面貌」，那麼不僅是面對他人，面對你自己時也不會草率地評斷，而是會努力地去認識自己和他人。

我看世界的觀點，我套用的這個濾鏡，究竟是從哪裡來的？關於這點，很難找到一個明確的答案。有些人說是天生的，有些人說是受到環境或教養方式的影響，也有些人說是各種因素綜合起來的結果。在許多因素當中，本章會將焦點放在依附關係上，探討關係的本質。

通常，如果提到依附關係對形成自我及他人的表徵有很大的影響，許多人都傾向將重點放在父母對子女的態度上。當然，父母的反應是最重要的。如果幼兒需要父母的時候，父母能敏銳地回應孩子的呼喚，那麼在這種教養環境下成長的幼兒，基本上有很高的機率會對自我和他人形成正向的表徵，他心裡會相信：「我是值得被愛、被照顧的人。其他人會友善地對待我，回應我的呼求。」

相反地，如果幼兒需要父母的時候，父母大多表現出迴避的姿態，那麼在這種教養環境下成長的孩子，就會形成與前述相反的表徵：「我沒資格被愛，其他人都不關心我，這個世界很冷酷，我得靠自己活下去。」

而如果幼兒需要父母的時候，父母給予的回饋不一致，難以預測的狀況反覆不斷，孩子就會形成另一種表徵：「所有決定權都在別人手上，我沒有力量，爲了不被拋棄，我要死纏爛打。」

孩子搭配照顧者的風格，形成一套自己對世界的信念，並且發展出對應的生存策略，但像這樣建立起來的行爲模式也會反過來影響父母，而且孩子天生的性格特質同樣會對父母的反應造成很大的影響。小心謹慎、不喜歡肢體接觸的孩子，會下意識地避開父母的照顧，或是做出消極的反應而把父母推開。需求很多且難搞的孩子變化無常，父母很難每件事都配合，到後來容易疲憊不堪，這很可能會促使父母也對孩子做出變化無常的回應。

在依附關係中，父母是成人，對於情緒和行動的調節能力通常比孩子還強，所以才會強調父母扮演的角色，但幼兒對父母造成的影響同樣也不容小覷。就像父母會對幼兒造成影響那般，幼兒也會誘導父母做出特定的反應。

良好的依附關係不只會幫助幼兒形成對自我及他人的正向表徵，還會影響幼兒建立關係的特性，也就是讓幼兒認知到關係是建立在雙方的互動上，這點非常重要。在安全的依附關係中，孩子能實際體驗到，並非父母單方面地對自己造成影響，而是自己也會對父母造成影響。

提到好的父母，很多人都會想到對子女傾倒無限的愛，即時滿足子女所有需求的那種父母。然而，如果只是一味地「寵愛」，孩子就會將父母的付出和犧牲視爲理所當然，察覺不到父母的需求和情緒。更甚者，還可能認爲其他人也理當滿足自己的需求，將他人當作工具。在安全的依附關係中，父母並非總是在搭配孩子的需求，而是讓孩子清楚認知到他的經驗屬於他自己的，並且讓他瞭解到父母也有自己的情緒和需求。

當孩子在不如意的狀況中，抓傷或捶打父母時，父母應該出聲阻止，並用堅定的語氣跟孩子說：「啊！你這樣媽媽會痛，不可以打人。」這是在告知孩子人與人之間的界線——你可能會弄痛我，在人際關係中有些事能做，有些事不能做。當媽媽手腕太痛，沒辦法抱孩子時，應該跟孩子說：「媽媽現在手腕痛，沒辦法抱你，你很難過吧？等我手腕好了，再多抱抱你。」要能像這樣打消孩子的念頭才行。這是爲了讓孩子感受到，雖然你愛他，但沒辦法滿足他所有的需求，而你不滿足他的需求，不代表你不愛他。

這類設立界線的行爲，要搭配孩子發育的水準來調整。當孩子成長到會說話的年紀，卻還是在不順心時，用哭鬧的方式發洩情緒，這時就得清楚告訴孩子，他的行動會造成什麼樣的影響：「你那樣又哭又叫，我聽不懂你在講什麼。不要哭，重新把話講清楚。」照顧者明確的反應，能讓孩子意識到自己和他人是不同的個體，而且自己的行動會對他人造成影響。

經歷過不安全依附關係的人，大多是因爲身邊沒有人跟他說明其行爲帶有什麼影響，也沒有人替他設立適當的界線。因此，他很難認知到他人是活著的個體，同時也很難察覺自己對他人的影響力，所以很容易高估或低估自己的影響力，在人際關係中難以辨別自己的責任歸屬。

總是又哭又鬧，纏著父母不放，渴求父母關愛的孩子，如果聽到父母說：「我眞的快被你累死了！」當下就會覺得自己眞的像父母說的，是個很糟糕的人。但是，如果父母又突然改變態度來擁抱自己，孩子就會繼續哭鬧來纏著父母，不知道這樣可能會讓他人感到厭煩。孩子需要的其實是設立界線，跟他說明這種行動帶來的後果：「我現在很難幫你的忙，先等媽媽把這件事做完。你越鬧，事情就會拖越久。」

迴避父母、壓抑情緒的孩子則很難察覺自己的行爲會將他人推開，使自己孤立。對此，父母如果說：「你要媽媽怎麼樣？你應該要自己想辦法啊！」只會加深孩子負面的信念，導致他們認定「我是不受歡迎的人，其他人隨時都有可能會離開」。

他們絕對無法感受到父母其實是害怕，不知道該拿他們怎麼辦。

這樣的孩子很容易高估自己的影響力，認爲自己一個小小的要求就會讓人感到厭煩，造成他人的困擾，但他們同時也很容易低估自己的價值，認爲自己做任何事，他人都漠不關心。孩子眞正需要的是有人告訴他，他的行爲會對他人造成什麼樣的影響：「你如果不說，媽媽就不知道你想做什麼。我也不知道要怎麼幫你，覺得很茫然。你準備好要說時，可以跟我說嗎？」

一個人無法感受到自己對他人造成的影響時，他人就會像是自我觀念中的「非現實對象」。這些人在接受心理諮商時，也經常對諮商師寄予非現實的期待。像是：「老師會仔細傾聽我的故事，而且全都能理解吧？」或是：「老師也無法理解我，反正你只是爲了賺錢而已，你對我的故事根本沒有興趣。」然後按照自己的期待來行動，完全忽視自己對對方造成的影響。

諮商師必須打破這種非現實的期待，提醒晤談者，他正在面對的人也只是個人。因爲諮商師也是人，所以關於晤談者說的事情，有些能理解，有些則無法理解；諮商師當然要賺錢，但並不只是爲了賺錢才工作，必須照樣將事實呈現在晤談者面前。

如此一來，就能替晤談者準備好踏板，讓他在現實生活中打破自己的框架，與其他人建立人與人的關係。

創立個人中心治療的卡爾・羅傑斯（Carl Rogers），認爲諮商師接納自己內在發生的經驗，並在有必要時誠實地表現出來，這種眞誠的態度（genuineness）將會成爲與晤談者建立關係的基礎。有位晤談者覺得諮商師不太理解自己，因此感到難過，在晤談時間持續保持沉默。這時，諮商師打破了沉默，問：「我做了什麼讓你不開心的事嗎？」晤談者冷漠地回答：「反正我講了也沒有用。」

「你如果不跟我說你爲什麼不開心，我很難瞭解你的想法。講出來到底有沒有用，也要實際談過才會知道。我想要瞭解你。」當諮商師表達自己的想法，說服了晤談者後，晤談者才開始敍述他不開心的理由。之後雙方解開誤會時，諮商師也說出自己眞實的心情：「聽到你說講了也沒有用，我覺得很難過。我們一起經歷了一段期間，但你那樣講，彷彿那些時間都失去了意義。」晤談者聽到後嚇了一大跳：「我沒有那個意思，只是那個時候不開心，講話才比較衝。不過，老師也會被我說的話傷到嗎？」諮商師毫不猶豫地回答：「當然會啊！我也是人。」

後來晤談者檢視了自己套用的濾鏡，也就是他對人抱持的信念。「講了也沒有用」這不只是他對諮商師產生的負面感受，而是他從很久以前，就理所當然地烙印在腦中的框架，是一種自動的心理裝置。如果被對方的某個言語或行動刺激到而觸動了開關，他就會自動關閉內心的門，一再地逃離關係。因此讓對方疲憊不堪，最終轉身離開，所以他等於是自我實現了「講了也沒有用」的預言。他在諮商過程中，覺察到自己有這樣的行爲模式。

我可能會傷到別人，但我也能讓別人快樂，就像別人會影響我那樣，我也會影響別人——當他體會到他人並非總是定型於現在的模樣時，便經常感到悸動又恐懼。這是因爲當事人必須接受事實，認知到：我並不只是某段關係的犧牲者或被害者；我在世上同樣也具有影響力；我必須爲所建立的關係負起責任。

如果無法接受自己在關係內的影響力和責任，就會失去那段關係的主導權，束手無策地被牽著走，不斷重複導致自我挫敗的關係。另外，假如無法認知到他人也是人，就會期待他人一直都是某種特定的模樣，無法看清他人原本的樣貌。

本章將會藉由設立你我之間的界線，認識找回關係主導權的過程，同時也去瞭解正視並接納他人的原貌有什麼樣的意義。除此之外，還會談到當你討厭或嫉妒某個人時，如何透過清楚辨識自己的責任，來擺脫這類情緒的控制，進而好好穩住自我的中心。

我為什麼一直和爛人交往？

不管是什麼樣的關係，都有你該承擔的責任

以二〇二一年爲基準，韓國單人傢俱的比例占市場的三三・四%。把結婚和生小孩當作必要課題的時代已經逐漸式微，在現代社會中，與某個人交往後給予永恆愛情承諾的這種觀念，也淡薄了許多。不過，儘管愛情的結局不是結婚，想與人相愛的欲望仍然是很自然的生理現象。反而當愛情不再伴隨外界給予的壓力時，更要

謹慎地挑選對象。「我要跟什麼樣的人交往？」、「我該跟這個人分手嗎？」

即使是對自己做的事情充滿自信的人，面對愛情時也無法信賴自己的選擇，經常陷入無力感中。關係中有你和我，關係中的互動，有一半是對方的責任。因此，不管你想好好經營關係的意志有多麼高昂，還是常常會覺得不大順利。當你一再地在關係中受傷時，就會開始懷疑愛情，不容易信任他人，也沒辦法相信自己的眼光。然而，如果你同意一段關係是由兩個人一起經營的，那麼你就能接受，當關係失敗時，問題也不全都在你，只有一半是你的責任。

所以我們該從經驗中學習的是，瞭解自己是什麼樣的人。不辱罵對方是個糟糕的人，或是詛咒對方未來不順遂，又或是陷入在自己能拯救對方的幻想中。雖然難免會產生那樣的想法，但如果停留在那裡，就只會再次重演已經膩到不行的舊劇本。

不過也沒必要將對方的責任攬到自己身上，因此而感到自責。在維持關係的過程中以及關係結束之後，你都只需要負責自己的部分，對方的部分則由對方負責，這才是維持健康關係的基本原則。

如果反覆建立錯誤的關係

要愛自己才能愛他人，要被愛過才能付出愛，這些話想必大家都聽過。這種陳腔濫調對沒能從父母身上獲得良好照顧的人來說，成了陰影，無可避免地傷了他們的心，但這些話之所以廣爲流傳，是因爲其中包含了部分愛情的眞相。那個眞相就是，大部分與愛有關的問題，都需要對自己誠實，並且看淸自己和他人的原貌才有辦法解開。意思就是，要瞭解自己是誰，才能睜開眼睛淸楚看見對方的樣子。

前面提到，孩子會透過與父母之間的健康依附關係，來理解人類的立體性，學習如何綜合看待人性複雜又多元的樣貌。如果能將自己和他人看作一個完整的人，就能夠接受彼此都有界線和缺點。然而，如果無法建立健康的內在表徵，選擇愛情並維持關係，將會成爲一個痛苦的過程。卽使跟不同的人交往，還是會反覆同一套模式，落入難以獨自逃出的循環。重複談了幾次痛苦的戀愛後，才會體會到問題不在對方身上，而是出在自己身上。「說不定我在跟其他人交往時，還是一直想著同一個人。」

所謂的同一個人，大概就是自己心中的幻想、盼望和匱乏……，又或是另一個部分的自己。

在健康的依附關係中擅長自我分化的人，出於本能地感受到自己經歷過的健康關係所帶來的舒適感，進而找到適合自己的對象。除此之外，他們很懂得與他人保持適當的距離，不會失去自己，但同時又能從對方身上感受到親密感。然而，在功能不全的家庭中長大的孩子，缺乏能映照自己的鏡子，所以在選擇愛情、維持關係方面，可能會付出很大的代價。他們有的是因爲沒機會認識自己是什麼樣的人，有的則是因爲把危險的不穩定關係看得理所當然。

如果不太清楚自己是什麼樣的人，就會找不到解答——不知道自己喜歡什麼、討厭什麼；不知道自己相信什麼、不相信什麼；不知道自己什麼時候會有安全感、什麼時候會覺得受到威脅。

或者在受傷後，曲解特定的身體及情緒反應，被刺激自己傷口和匱乏的危險對象吸引，並爲那股不明的強烈吸引力冠上愛情的名稱。因此，在心理治療理論中，經常提醒人們要小心因爲強烈的吸引力而開始的關係。

這種強烈的反應並不屬於大腦皮質掌管的理性領域，而是烙印在掌管情緒反應的原始大腦及邊緣系統中，所以就算平常以清晰的精神設定了一套有模有樣的選擇基準，也起不了太大的作用。即使在經歷慘烈的離別後，決心「我再也不要這樣」，還是會在不知不覺中反覆同樣的模式。「頭腦是知道，但內心卻不受控制」，這就是在潛意識中被過去經歷過的模式捆綁的徵兆。

太痛的愛不是愛

要說大部分在關係中發生的問題，都是起因於自己與他人之間界線（borderline）的劃分也不為過。如果是靈活又穩固的界線，那麼就能時而在近、時而在遠的與他人互動，並且一起或者各自度過生活。不過，界線太脆弱且模糊的人，常常無法保護自己、不被他人侵入。討厭的無法說討厭，喜歡的也無法說喜歡。除此之外，有的人可能會固執地強迫別人接受自己的意見，或是待人粗魯無禮，對於擾人安寧的行爲沒有自覺。

雖然這兩者表面上看起來像是完全相反的狀況，但正如異極相吸一樣，他們在本質上都有界線模糊的共同問題。因此，這兩種人要不是完全不理解對方，結下不共戴天之仇，就是受到對方強力的吸引，一同墜入愛河。而憎惡和愛意這兩者在大部分的時候都像銅板的正反面一樣緊密相連。有時候一個人同時具備這兩個面向，有時候則是這兩者角色互換。

通常以自我爲中心、待人無禮的人，與無法爲自己負責的人相遇而成爲一對後，之所以會建立具破壞性的關係，正是因爲彼此的界線很模糊。廣爲人知的煤氣燈效應就是界線模糊導致的一種結果。建立在愛情之上的關係，在物理上和心理上的距離勢必會比一般人際關係還親近，因此戀人之間如果界線模糊，將會造成更致命且具爆發性的影響，往往會兩敗俱傷，展開不分你我的大混戰。雖然表面上看起來，只有其中一人單方面地犧牲，但仔細觀察就會發現，這經常是因爲界線不明確，才會造成雙方互相傷害。無法保護自己的人，在關係中沒辦法爲自己負責，等於是將自己的責任持續轉嫁到對方身上。

有自私的種子在心中發芽的人，如果和無法爲自己負責的人在一起，遲早會變成壞人。因爲無法爲自己負責的人內心軟弱，正適合成爲讓自私花朵綻放的土壤。因此，爲了斬斷孽緣，一定要清楚聲明自己內心的所有權。「我這麼做都是爲了你，除了我之外還有人會愛你嗎？」面對這樣的挑釁，應該要堅定地表明自己的立場：「並不是，你那麼做不是爲了我。我相信的愛不是這樣，我現在不需要你的愛了。」這不只是爲自己好，也是爲對方好。若要做到這點，就有必要重新定義這種傷害自己、破壞關係的愛情。千萬別忘記，太痛的愛不是愛。

愛也需要標準

如果承認自己在關係中確實有某部分的缺陷，而且過去也一直重複建立相似的關係，那麼在選擇談戀愛的對象時，就有必要更爲慎重。這不是要你無條件疏遠或避開他人，而是要你在與某個人交往之前，先瞭解自己是什麼樣的人，保留充分的時間來觀察並審視自己。

假如你選擇交往對象的標準只有外貌、學歷、職業、財力等看得見的指標，或是對方有多喜歡你、能爲你犧牲多少這類單純倚靠對方意志的條件，那麼你應該要將問題的方向從外部轉往內部，從他人轉回自己身上。當然，我的意思並不是這些外在的條件和他人的態度比較不重要，只是提醒你，要讓標準找回平衡，不要過度傾向某一邊。

也就是要你去瞭解你擁有什麼樣的個性；追求什麼樣的價值；在關係中能做什麼、不能做什麼；在關係中期待什麼、可以放棄什麼等等。不過這些問題如果沒有實際經歷過，是不會知道答案是什麼的，所以單憑茫然地尋找解答，肯定會遇到界限。因此，往後面對新的關係時，不用無條件採取防衛的姿態，而是要將關係看作尋找以上答案的過程，勇敢地邁出步伐。

如果你已經決心要這麼做，就得在維持你覺得安全的適當距離時，盡可能觀察對方是什麼樣的人。「他喜歡我」、「好像趕快回覆會比較好」、「我不想傷害他」、「如果拒絕，他感覺就會離開我」、「我實在不懂他怎麼會喜歡我這種人」、

「他知道我的眞面目一定會失望」、「反正最後都會分手」等，受這些理由驅使而與對方交往或逃跑都是不對的。

待在一起的時候很愉快；感覺能信任對方；交往的時候覺得自己是個不錯的人，或是想成爲更好的人；覺得彼此能一起解決困難；有自信承擔對方的缺點等等，你必須判斷在這段關係中你有沒有這樣的感受，而且這件事只有你自己能做。所以不管你在網路上條列出多少項那個人的行爲和條件，問網友：「該不該跟這個人交往？」都得不到有用的回覆。第三者接收到的資訊相當片面，但你在現實中相處的那個人是立體的，他比所有資訊的總和具備更多樣的面貌。另外，如果你想知道那個人對你來說是什麼樣的人，首先要有自覺，知道自己是什麼樣的人。

倘若當下還沒辦法決定要不要交往，就應該跟對方說：「我還需要一些時間思考，希望能再跟你多相處看看。」當你說出自己的想法後，對方會做出什麼樣的回應，已經超出你能控制的範圍，而且那也是他的責任。如果對方能搭配你的步調，你們就能一起跳一支美好的人生舞蹈。反之，對方如果執著於他自己的步調，你們往後就很容易遇到難關。

先看看對方如何回應，之後你要怎麼做，就又是你的責任了。在你們負起各自的責任，彼此搭配的過程中，關係會變得更深刻，你也會逐漸明白自己是什麼樣的人，而對方又是什麼樣的人。不過，你必須先有心理準備，當你說出自己的想法時，對方可能會拒絕，你們的關係也可能就此劃下句點。但即使關係就這樣結束，你還是盡到了自己的責任，所以可以正向看待這個結果。另外，你也能尊重對方有他自己的自由意志。

避免在不幸的關係中淪為代罪羔羊

你選擇對象時，當然是花費了許多心力，慎重思考後才做出決定，但最後的結論可能證實你判斷錯誤，而且你也可能會重蹈覆轍。在這種時候，是要維持關係，還是要結束關係；是要直接掩蓋衝突，還是要想盡辦法解決，都是你的責任。因爲你選擇了這份愛情，所以有責任在產生變化的關係中，持續瞭解自己和對方，同時也要負起責任，在每次需要時，決定要維持關係還是要結束關係。

如果你選擇逃避，執著於過去的愛，埋怨對方「怎麼會變心」也無濟於事。因此，別將重心放在超出你掌控的對方反應上，而是要思考你該爲關係中的什麼狀況負責，你該如何做才能盡到責任，得把這些放在優先順位，你才不會在不幸的關係中淪爲代罪羔羊。

如果你沒有盡到自己的責任，你的善意就會一直被踐踏，總是處於容易受傷的位置。「我明明什麼都沒做，爲什麼會這麼辛苦？」雖然你可能有滿腹的委屈，但美好的無憂樂園本來就不存在。在現實中，大家基本上都差不多，總是在互相爭吵、彼此碰撞的過程中一起生活。世上的人們都按照各自的需求過生活，如果你連自己需要什麼都不清楚，當然很難阻擋外界無禮的侵入。人們只是不經意踩到踩下去也不會滾動的小石子罷了，也許根本沒什麼惡意。當然，這不是在合理化踐踏的行爲，只是如果想在現實生活中立足，自己就要起身活動才可以。

批評殘忍踐踏自己的人「眞的很垃圾，簡直就是我人生的汙點」，然後把對方忘得一乾二淨，或許是一個能減輕責任和自責的簡單方法。人類的認知系統偏好單純明確的東西，而且追求完整度。因此，二分法的判斷方式確實能夠減少情緒上的能量消耗。然而，過於簡化並掩蓋問題的經驗，會不斷地重現，驅使你反覆做出同樣的選擇。因爲二分法會讓你遺漏眞實的片段，並在你直接面對現實的時候，總是用與現實不符的框架來扭曲世界。

「他那麼做很惡劣，我眞的很受傷，但是當初也是因爲這點才愛上他的。會被牽著走，我自己也有責任。」在心中全然接受對對方的恨意和愛意，是非常痛苦而且也相當需要勇氣的事情。不過長期來看，這些痛苦的故事都化爲眞相，並且變成基礎，讓你認清現實，瞭解到比起黑白，灰色地帶更寬廣。這些經驗會讓你成長。

要面對自己才能看見的真相

伊底帕斯的愛情故事大概是世界上最悲慘的。底比斯的王和王妃是伊底帕斯的父母，他們聽見預言說：「將來誕生的兒子會殺死父親，迎娶母親。」於是就拋棄了伊底帕斯。伊底帕斯長大成人後，受到命運的不明力量驅使，在沒認出親生父親的狀況下殺害了父親，然後解開斯芬克斯的謎語，成爲底比斯的國王。伊底帕斯又在沒認出親生母親的狀況下，迎娶母親作爲妻子，最後導致底比斯發生嚴重的瘟疫。伊底帕斯爲了尋找並消滅瘟疫的起源而踏上旅程。

以「伊底帕斯情結」聞名的伊底帕斯神話，並不單純只是殺父弒母這種違背倫理、近親相姦的故事。弗洛伊德之所以將伊底帕斯神話當作精神分析的主要題材，是因爲伊底帕斯神話講的就是在尋找自我的過程中，與眞相鬥爭的故事。

伊底帕斯的親生父親害怕將來誕生的王子會威脅自己的王位，而他的親生母親也在潛意識中害怕自己將會愛兒子勝於丈夫，兩人都逃避了心中的恐懼。因此，他們沒有面對自己的恐懼，而是拿預言當作藉口，拋棄了伊底帕斯，但最終卻還是實現了自己的恐懼。伊底帕斯在不清楚自己是誰的狀況下，聽到自己可能會殺害父親後，籠罩在對命運的恐懼之中。於是他逃避恐懼的眞相，爲了不傷害他的養父母（他堅信他們是自己的親生父母）而離家出走，結果展開了一趟悲劇之旅。

伊底帕斯和他的父母壓抑了親近的家庭關係中，會產生的猜忌、嫉妒、怨恨和憤怒等情緒。只要是人，當然都會有這些情緒，但是他們不願承認自己的心裡有這種負面的情緒。

當一切都真相大白時，伊底帕斯的親生母親，同時也是他的妻子——柔卡絲塔，終究無法接受事實，親手結束了自己的生命。她在生前的最後一刻，選擇逃避痛苦的現實。相反地，伊底帕斯並沒有逃避真相。雖然眾神維護接受審判的伊底帕斯，主張「他只是神諭的犧牲品」，但伊底帕斯還是沒有逃避責任。「不是那樣，那是我做的。」他承擔起責任，最後在晚年找回平靜，受到神的呼召。

另一方面，伊底帕斯之所以可以解開斯芬克斯那個有名的謎語——「什麼動物早上四隻腳，中午兩隻腳，晚上三隻腳？」，是因爲其中包含伊底帕斯自己的歷史。他被親生父母拋棄時，腳背釘了釘子，所以他一輩子都在思索那個傷口的意義。結果，關於這個世界對他拋出的問題，他找到了答案，而且就在自己身上。後來他負起責任，不再受到命運的擺佈，而是重生爲主導命運的人。

如果沒有從經驗中學習到自己是什麼樣的人，一再重複讓自我毀滅的關係，那麼說不定你其實是在迴避從關係而來的傷口和痛苦。雖然你確實在關係中感到辛苦，但心中的某個角落卻仍抱著一絲希望，覺得「這次會不一樣」、「那個人可能會不一樣」，這等於是在重演結局注定是悲劇的劇本。

那股希望和幻想，在過去曾經扮演拯救自己的安全裝置，如果捨棄那種想法，就會帶來很大的恐懼和悲慟。因爲在痛苦不已的現實中，如果連這樣的希望和期待都沒有，就很難找到活下去的意義。然而，唯有當你完全感受那份恐懼與失去，承擔起自己的責任時，才能翻開人生的新篇章。

愛情超過三年，就會開始倦怠？

愛情有限期限是三年？

想必大家都有聽過愛情最長只能維持三年的說法。這有效期間大概是根據人墜入愛河時會分泌的神經傳導物質——多巴胺或苯乙胺的時效來推斷的。談戀愛時，不管雙方的感情有多麼濃烈，一旦交往超過兩到三年，就會產生倦怠，開始注意到其他有魅力的對象。當愛情的濾鏡失效後，對方的缺點看起來就會特別明顯，而自己

的耐心和寬容也已消耗殆盡。

如果還沒結婚，或許是時候和彼此道別，走上各自的路，但如果已經步入婚姻，大概會忠實於自己的義務，把對方當作傢俱或行李，維持著疏遠的關係，又或是在誘惑闖入倦怠的日常時忍耐不住，上演眞實版《夫婦的世界》[1]。

不過，並非所有的愛情都在短暫的歡愉後，於束縛和後悔出現的同時跟著落幕。雖然不能否認人類在生物學上也是有機體，受到荷爾蒙的奴役，但愛情不只是盲目的熱情或是性快感而已。那麼，製造快感的荷爾蒙作用結束之後，愛情究竟會往什麼方向發展？

看著老夫婦牽著手，一起緩步前行的模樣，突然很好奇他們往年的歲月都累積了些什麼。如同選擇愛情時會伴隨著責任那般，維持愛情時也需要有面對自己原本面貌的勇氣以及責任。

根據精神分析學者奧圖・弗里德曼・克恩伯格（Otto F. Kernberg）的說法，愛情大致上是始於性興奮，然後經過性渴望的階段，最後走向成熟性愛的過程。成熟的性愛中有性、情緒和價值，並且在這些方面必須包含責任、親密感和犧牲。

從成熟的觀點來看時，就會明白人格的成熟並不單純是年齡的增長；同樣地，成熟的性愛也不是平白無故就能擁有的。遇見某個人並墜入愛河，根據的是自動反射的反應；相反地，要維持那份愛，使關係更爲深刻，大部分都需要刻意努力並反省，而且在守住自身界線的同時，還要具備能與他人連結的心理基礎。

如果這類基礎不夠穩固，愛情大多都會隨著時間的流逝，畫出開高走低的二維曲線圖，從最高點開始，然後逐漸往右下方掉落。說不定對方根本就沒有走入你心裡，而你也還沒有時間好好認識對方。在這些人的內在世界裡，愛情始於閃耀的悸動，之後日漸綴滿了對彼此的失望，以及傷到自尊且復原不了的傷口。

相反地，擁有成熟愛的力量的人，會各自以個人的中心軸爲基準，畫出螺旋狀的同心圓。隨著時間流逝，同心圓會逐漸變廣、變深，發展成三維形態。兩個同心圓有時會互相靠近，有時則會遠離，不斷產生變化。最後會以共享的價值爲基礎，創造出一個宇宙。

能一人獨處又能兩人相處

談到愛情的前提時，常會說：「要能獨立自主，兩個人才有辦法在一起。」這句話中包含了愛情本質上的矛盾。也就是說，為了守護愛情，一方面要對個體的分離有自覺，而且要維持自我界線的穩固，另一方面則要具備感受到自己與心愛的對象成為一體的超越性。

分離與超越必須共存，才能發展出成熟的愛情，這股力量的形成和嬰兒心理誕生的過程相同。「客體關係論」心理學學者瑪格麗特・馬勒（Margaret Mahler），將嬰兒心理誕生的過程分成與照顧者共生的經驗以及分離個別化。根據這個理論，新生兒剛出生的頭兩個月，對外在世界不怎麼關心，在情緒上屬於封閉的階段。

後來慢慢開始察覺到外在世界的存在，這時嬰兒正處於將媽媽和自己認知成同一副身軀的共生期。嬰兒無法將自己和媽媽區別開來，視媽媽為總是能立刻滿足自己需求的對象。肚子餓時，媽媽會餵食；哭出來時，媽媽會給予安慰的擁抱；排泄糞便時，媽媽會幫忙更換尿布。

當嬰兒出生四到五個月時，會漸漸認知到自己與媽媽是不同的存在，進入分離與個體化的過程。分離是指慢慢脫離與媽媽共生的融合狀態，個體化則是指具備自己獨有的特性。

在這個時期，嬰兒會體驗到，不論自己再怎麼放聲哭鬧，媽媽總有些時候不會立刻跑來回應。他會發現媽媽並不只是完美回應自己需求的對象。媽媽有時會對自己笑，有時會對自己生氣，有時會離開自己身邊，而有時又會再次回來。這些過程大概會在嬰兒出生的兩年內持續進行，有些人將這個階段看作人類本能的不安以及存在的孤獨感開始出現的時期。

如同共用一副身軀般愛護自己，隨時對自己的需求給予回應的媽媽已經不存在了。然而，這種領悟並不單純只帶來悲傷。當嬰兒開始區別自己和客體後，就獲得了自主的能力，得以主動探索並操縱世界，因爲他已經學到「各自且一起」存在的能力。

另外，在這種分離——個體化的過程中，嬰兒會形成對自我和他人的綜合性表徵。在認知到自己與媽媽是不同個體的前提之下，能將媽媽關愛的自己，以及偶爾被媽媽責備的自己，都看成自我的一部分，完成內在的整合。同樣地，嬰兒也能將溫柔親切的媽媽，以及可怕又令人失望的媽媽整合成一體，具備覺察他人整體模樣的觀點。

成年人的愛情會將上述嬰兒心理誕生的過程重現出來。初期會經歷甜蜜的共生期，之後會逐漸察覺對方並不如自己所想。與對方相處越久，越瞭解對方，純粹喜歡的心情就會開始摻雜不愉快的情緒，甚至會有種陌生的感覺，心想：「他真的是我認識的那個人嗎？」在愛情關係中，同時存在著想與對方共生融合的欲望，以及想明確區分彼此差異的期盼。相愛的兩個人所面臨的考驗，必須整合自己和對方好的面貌跟不好的面貌。

承擔這種矛盾的需求和情緒，在尊重對方與自己是不同個體的同時，也珍惜與對方愛恨交織的情意，這就是支撐愛情的力量。

連自己都無法好好愛的人

嚴重缺乏這種愛的力量的人，在精神病裡上被稱爲「自戀型人格障礙」（Narcissistic Personality Disorder）。這種人的特性是誇大自我重要性，專注於成功及權力，在人際關係上缺乏同理心且愛占他人便宜。喜歡根據自己的標準將人類的價值按等級區分，並且爲了證明自己的優越而貶低他人。

從心理動力學的觀點來看，這些人的心理世界簡單用一句話來說，就是「沒有能力去愛人」。不過，只要自戀的特質沒有嚴重到被世上視爲病態，就不會有太大的問題，其實在多元的光譜上，有無數多人具備自戀的特質。整個現代社會也逐漸往鼓勵並強化自愛的方向發展，似乎有使愛的意義褪色的跡象。

在自戀型人格障礙的起源——納西瑟斯神話中，納西瑟斯迷上了自己倒映在池塘中的美麗倒影，因而茶不思飯不想，一直凝望著池中人影，最終掉入池塘死去。乍看之下「自戀」意指過分喜愛自己，或是擁有毫無根據的自信感，因此的確有讓人誤會的空間，但其實根據范德瓦耳斯提出的主張，自戀型人格嚴重的人「不是只愛自己，不愛任何人，而是連自己都無法好好地愛」。

納西瑟斯太專心凝視自己倒映在池中的美麗臉龐，沒有力氣注意到自己身上的其他面向。持續凝視自己倒映的臉龐，雖然是在讚嘆自己的美麗，但也有恐懼的情緒隱含在其中——那就是如果不一直確認便無法忍受，擔心自己會消失的心情。

另外也看得出來，他無法忍受人類的不完美，才藉由不斷凝視自己的倒影，尋找可能隱藏在某處的缺陷。在這過程中，除了倒映在池中的美麗臉龐，他身上其他的特質都被排除在池塘之外。

由於他所有的心理能量都聚焦在自己身上，所以對於池塘外的其他人，連一絲絲的關心都沒有。對納西瑟斯來說，他人等於是位在池塘外的那個自己，他將自己很難接受的面貌投射在他人身上，只把他人當作滿足自己需求的工具。

大衛・芬奇（David Fincher）執導的電影《控制》中，可以看見一段扭曲變質的愛情故事，發生在不會愛人的一對男女之間。這部電影描述的是一起離奇的失蹤事件。愛咪在結婚五週年紀念日消失得無影無蹤後，她的丈夫尼克被套上殺妻的罪名而展開一連串的故事。電影內容聚焦在愛咪爲報復外遇的丈夫而自導自演策劃了一起可怕的失蹤案，同時也凸顯愛咪的瘋狂，她為了達成自己的目的，甚至不惜殺害人命。

不過，她的丈夫尼克同樣也沒將自己的伴侶當作一個人來尊重。觀察尼克在電影中的人際關係可以得知，他只會根據自己的需求和對方的特定部分締結關係，他所建立的關係都是很片面的。他與家境富裕、畢業於哈佛的愛咪相遇後墜入愛河，並且順利結婚，受到眾人欽羨。但隨著時間流逝，他對愛咪逐漸失去興趣。結婚前讓他傾心的愛咪是滿足他幻想的理想女性，只不過他對於愛咪實際上是什麼樣的人一點都不關心。

其實愛咪被有自戀傾向的父母養大，自戀造成她情緒上的障礙。在她父母撰寫的童話「令人驚豔的愛咪」中，她負責扮演主角，肩負父母及社會的期待，一輩子都在演戲欺騙自己。

尼克如果眞的有看見愛咪是什麼樣的人，想必就會發現她空虛的內在世界，以及她渴望徹底符合他人標準的破壞性欲望。尼克如果眞心愛愛咪，因而下定決心連她的黑暗面也一起擁抱，他就不會單純將自己與愛咪的婚姻看作通往天國的特快車，或是人生的大樂透。然而，尼克需要的只有愛咪華麗閃耀的外貌罷了，愛咪黑暗且脆弱的一面，完全不在他的關注範圍內。尼克把愛咪當成一座華麗的獎盃。

另一方面，尼克的雙胞胎妹妹瑪歌是他的另一個分身。瑪歌自始至終都支持尼克，時常傾聽他的故事，成爲他內心的避風港。瑪歌是尼克每次遭遇困難時訴苦的對象，她也扮演母親的角色，總是憐憫他、支持他。瑪歌平常是什麼樣的人，有什麼樣的需求，對尼克來說完全不重要。他只是單方面地傾吐自己的煩惱，從瑪歌身上獲得安慰罷了。

除此之外，他身邊還有一個女大學生，也就是促成失蹤事件發生的那個外遇對象。這個年輕女學生和愛咪不一樣，她崇拜他。那個女孩年輕且充滿活力，在性方面也魅力十足。尼克想利用那個女孩來塡補他在婚姻中已經褪色的部分，滿足他浪漫愛情的幻想和欲望。就像這樣，對尼克來說，其他人都只是滿足他欲望的工具。

倘若他有把愛咪、瑪歌和女大學生當人來看，想必就能預想到自己的選擇和行動會帶給她們傷害。然而，罪惡感是察覺自己傷害到他人時才會出現的情緒，因此對缺乏愛的能力的人來說，罪惡感是不存在的。沒有愛的外遇，目的在於藉由外部力量來填補既有的關係無法滿足的需求。也就是說，這呈現出尼克片面的人際關係，他很難將自己及他人看作一個完整的人。

結果，愛咪和尼克的夫妻關係並沒有隨著歲月流逝而增加對彼此的理解，反而是按照各自的需求來控制並壓榨對方。究竟是誰的責任比較大，而誰又是這段關係的犧牲者呢？在電影的登場人物中，命運最悲慘的犧牲者大概就是他們兩人生下的嬰兒。

所有的愛情都有盡頭

沒有一段關係是完美的，所以交往許久的情侶也時常會發現彼此的缺點，以及沒有被滿足的需求。有時候會對其他有魅力的人產生興趣，有時候對戀人的愛意會完全冷卻而結束掉關係，這些是愛情的另一個面貌，都是有可能發生的事。然而，先撇除婚姻制度不說，從個人的角度來看時，愛著某一個人，並且守護那份愛情，並不全然只是在履行道德上的義務和責任而已。

心理學家卡爾・榮格的繼承人瑪麗－路易絲・馮・法蘭茲（Marie-Louise von Franz）給予貞節的定義是「對對方的本質保有最基本的忠心」、「不危及對方內心最深處的忠心」。若想忠於對方的本質，不管他的本質如何，都應該要正視，而且還要持續付出關心，瞭解對方是什麼樣的人。另外，她認爲這種忠心不排除使自己獲得自由，也不排除放對方去享受自由。

就結論來看，愛情可以說是兩個自由的個體相遇後，在打造各自世界的過程中，一起走過的某段旅程。

成爲自己是一輩子的變化與成長的過程；同樣地，眞心愛某個人並守護那份愛，也只是漫漫人生的一部分，並非定好終點線的競賽。或許守護愛情需要的並非在每個瞬間全力奔馳，而是在流動的人生軌道中，用從容的姿態關注彼此關係的變化。另外，不管是分手還是死亡，所有愛情都有盡頭。但諷刺的是，當我們認知到每個人都不一樣，而且所有的愛情都會迎來盡頭，愛情反而會變得更加穩固。

1 韓國電視劇，二〇二〇年播出。改編自英國BBC《福施特醫生》，內容在描述夫妻出軌的故事。

愛你原本的模樣，試著接納

愛充滿了矛盾

透過前述內容，我們探討了愛在本質上的矛盾。在經營愛情的過程中，必須承認分離和合一的特質是共存的，而且還要承擔愛恨交織的矛盾情緒，整合自己和對方好及不好的模樣。炙熱的戀愛要發展爲成熟的愛情，就得走入不完全又複雜的現實中。另外，心裡也必須具備健康的內在表徵來作爲安全裝置，好在不切實際的幻

想破滅、被迫面臨現實的狀況時，吸收衝擊的力道。

「對對方的本質保有最基本的忠心」，意思是尊重並信賴對方原本的樣貌。不過，愛某個人的原貌眞的是很困難的事情。在圍繞愛情關係的無數矛盾經驗中，包含了接納以及變化的矛盾。雖然很希望以彼此的原貌來相愛，但另一方面又希望自己能藉由這段關係重生爲比現在更帥氣的人，或是期盼對方能成爲自己喜歡的夢幻王子和公主。這兩種欲望同時在心中蠢蠢欲動。

戀愛就到此為止

愛情始於投射。墜入愛河的兩個人，會互相將自己在潛意識中匱乏的東西和幻想的形象投射到對方身上。如果沒有這種投射作用，兩個人一開始就不會感受到對方的魅力，也不會受到對方吸引。因此，墜入愛河後，自然很難看清對方原本的樣貌。有人說墜入愛河的大腦跟瘋子的大腦差不多，就是出於這種現象。然而，不曉得是幸還是不幸，這種瘋狂的情緒作用會逐漸回歸現實。燃燒的熱情沉澱下來，濾鏡失去效果後，就會開始看見彼此眞實的樣貌。投射作用關閉後，我們的盼望和另一個眞相就會浮出檯面。

一開始，我們往往費力否認眞相。總是希望對方的模樣能繼續符合自己的幻想。「是因爲他最近又忙又累」、「是因爲之前該做但沒做的事累積太多了」等等，替對方製造藉口，企圖逃避已經改變的氣氛。不想承認這段關係已經遇到複雜又糟糕的現實瓶頸，一心相信等烏雲消散後，就能重新回到充滿悸動與幸福的過去。雖然燦爛時光的回憶的確能成爲克服現實苦難的力量，但如同無憂無慮的童年終究會過去那般，關係勢必也得走入它本來會發展的階段。

想找回熱戀滋味的那一方，會要求另一方付出更多努力與犧牲，主張：「你如果愛我，就應該努力到這種程度不是嗎？」這種人仍然緊抓自己投射的幻象不放，而且還想用那個框架來限制對方。他們很難承認自己最初看見的並非那人全部的樣貌，而且他們其實也誇大了自己想看到的那一面。

熱戀結束後，想找回自己以前生活的那一方，會開始覺得對方的要求很有負擔，並且懷疑起愛情的效用。他們大概會拉高嗓門，抗議著：「成天把愛掛在嘴邊，愛是能當飯吃嗎？我的私生活到哪裡去了？」還會說：「你如果愛我，就應該要接受我原本的樣子啊！我本來就是這樣。」覺得對方的要求多過自己能給的而鬱悶不已。

這些人也有他們的幻想——就算我不特別照顧，對方自己一個人也可以過得很好，而當我需要時，希望對方能總是在我身邊。他們期待戀人能展現出理想父母的模樣，不管自己做什麼都能給予無限的自由和關愛。

我們非常不同

前面提到的例子是造成情侶不合的代表性課題——親密感與距離感的衝突。渴望更多親密感的人會索求更多的關心與愛，想維持適當距離的人則會逃得更遠。

如果愛「我」，「你」就應該給我想要的

v.s

應該按照「我的」期盼，放任「我」不管

兩者乍看之下都是合理的要求，但也都只是愛情的單一面貌。這裡談的都是對方應該給予自己合理的義務，但實際上自己能給對方什麼，自己在這段關係中有什麼樣的責任，卻避而不談。雙方就像來討債的一樣，忙著指責對方，要求對方償還內心的債。

有時還根據自己的需求竄改眞相，編一套自己的邏輯來強化主張，甚至把自私的標籤貼到對方身上。在這段因愛建立的不成熟關係中，雙方不停往返於兩個極端——索求愛的角色和逃跑的角色之間。等彼此都受夠對方的自私而結束掉這段關係，展開新的關係時，可能會發生前者和後者的立場完全調換過來的狀況，於是又會去尋找新的愛情。

不管各自的立場是什麼，當浪漫的戀愛結束後，就會直接面對明確的現實，那就是我們非常不一樣。結果墜入愛河的理由，可能就是分手的理由。雖然因爲彼此不一樣而互相吸引，但終究也因爲不一樣而分開。然而，世界上沒有與自己完全一模一樣的人。即使眞的有兩個人擁有同樣的想法、同樣的價値觀、同樣的生活模式、同樣的魅力指數，難道就能永遠相愛嗎？如果一個長得跟你完全一樣、和你撞臉的人出現在眼前，你能毫無顧忌地與對方墜入愛河嗎？

如同納西瑟斯迷上自己而自取滅亡那般，堅持要與相似於自己的雙胞胎情人談戀愛，只是滅亡的前奏罷了。否認雙方的不同，只挑選符合自己幻想的模樣，這就是導致愛情破滅的自戀欲望，如果不承認這點，就只會一直在愛情上受傷。

接納並非忍耐

愛情不是幻想，不會因爲戀愛的終結而結束，如果希望關係變成熟，應該要怎麼做？眞正的愛是「對對方的本質保有最基本的忠心」，也就是說要肯定各自的本質，給予對方成爲自己的自由，這時需要的美德就是接納（acceptance）。

「認可對方原本的模樣」、「江山易改，本性難移」也是出自同樣的理論。但實際要這麼做是很困難的，所以大部分的人都會重複模式相似的衝突，持續一段又一段痛苦的關係。卽使下定決心要認可對方原本的模樣，但在過程中又會忍不住問自己：「是因爲我太自私，才沒辦法接受對方本來的樣貌嗎？」並且陷入自我懷疑：「既然這麼痛苦，還有必要繼續維持這段關係嗎？」

然而，接納和忍受痛苦是不同的。認可對方原本的樣貌，不代表要放棄對那段關係所有的期待和希望，也不意味著必須全然順著對方。忍受這種負面的經驗，在心理學中被稱作痛苦承受力（distress tolerance）。擁有適當忍受痛苦的能力當然很好，但忍受過頭就會對身心健康造成傷害。忍受痛苦到對自己造成傷害的程度，被稱爲「痛苦承受度過高」，過度忍受痛苦是完美主義和對負面評價的恐懼所創造的產物。有這種狀況的人往往不想讓別人看見自己不堪的一面，而且很難接受沒達到自己的期待値所帶來的挫敗感。

接納就是接受人自然的模樣，過度忍受痛苦，等於是在否認人性的界線。另外，任他人擺佈的生活也與接納的概念相距甚遠。所以如果你正在拚命忍受艱辛的痛苦，就有必要回頭檢視你這麼做究竟是爲了誰。倘若你覺得自己一個人忍耐，所有人都會幸福，那麼你等於是抵押自己的人生來償還別人的人生債。

在愛的關係中確實需要某種程度的忍耐。接納是比忍耐還要廣泛的概念，所以相較之下它需要更多的反思和刻意的努力。不過，那種努力和單純忍受痛苦的方式並不同。假如爲了改善關係而付出的努力毫無用處，只能持續忍受煎熬，那麼放棄這樣的關係，對雙方來說都是有益的。如同愛情不排除給予彼此成爲自己的自由，接納也不排除名爲離別的結局。

接納原貌時開始產生的變化

接納本身就是一個矛盾的概念。構成接納的其中一個要素是「放下控制的意圖」，另一個則是「向前邁進」。身爲有機體，人類自然會演變，而且這種自然的演變是不可逆的，但演變的方向是可以擬定的。從治療的觀點來看，心理上的接納是指，放下想迴避或者控制負面想法及情緒的念頭，然後朝自己追求的價值前進。負面的想法和情緒並不是你想從心中抹去，就能馬上消失不見的。越是迴避，反而越會被負面的想法和情緒擺佈。

因此，覺得憂鬱、焦慮的時候，比起消除那種感受，更應該要覺察那是自己的一部分，並且繼續度過生活才對。「太憂鬱了，什麼都做不了！」不要這麼想，而是要想：「我現在很憂鬱，所以就做現在我做得到的事吧！」

想必你會懷疑在憂鬱的狀態下是否可能做到這點，不過，你如果接受心中的憂鬱，原本拿來迴避的能量，就能用在自己需要的地方。就算有些憂鬱，也不代表你是非常糟糕的人；就算現在很憂鬱，也不是整個人生都毀了。憂鬱的想法和情緒只是構成你的一部分，並不是全部的你。

同樣地，在情侶之間也需要接納。如果你放棄將對方改造成自己心中理想的模樣，反而會產生能量，足以使彼此的關係躍升到更親密且成熟的階段。過往想改變對方的能量，將會被用來引導兩人一起往變幸福的方向發展。

別再指責，而是選擇對彼此都好的道路

從接納的觀點來看時，前述的兩種人都擺脫不了想按照自己的期盼控制對方的欲望。想要變得更親密的一方和想維持適當距離感的一方，都在勉強對方犧牲。在這樣的關係中，兩個人都會覺得自己很不足且糟糕。因爲越指責對方，那些指責越會反彈到自己的身上。

「你的水準爲什麼只有這樣？」當你這樣責罵對方時，自己就變成「無法從那種水準的人身上得到愛的人」。只用權力關係來衡量愛情的人，總會在不相干的地方尋找答案。舉例來說：「如果我長得更漂亮、更出衆，你是不是就不會這樣對我？」覺得自己要具備原本沒有的某種面貌，成爲更出色的人才能得到愛。如同沒辦法接納對方的原貌那般，自己也拒絕接受自己本來的樣貌。

所謂的接納，並非指不用爲變化付出努力，它的意思更接近於要重新調整能量消耗的方向。也就是說，收回想要改變對方的能量，把那個能量當作動力，用來改善雙方的關係。

我們能做的就是調整努力的方向和速度。沒有比在不可能的事情和沒價値的事情上付出努力更空虛的事情了，判斷什麼有價値，調整速度來搭配彼此，這完全取決於建立關係的雙方。

「我不想怪你，我們不要再計較是非對錯了，一起想想看怎麼做才是爲了我們好。」先放下身段也不會吃虧。你只不過是決定在自己建立的關係中，忠實盡到本分罷了。

我能改變的只有我自己

要放棄努力，不試圖改變對方，並不像字面上講的那麼簡單。「他只要改變這點就是完美的人」、「你就不能爲了我改掉這個部分嗎？」當你產生這種想法時，必須承認打從一開始只去除「那部分」的那個人根本就不存在。體貼又溫柔的人對其他人也很溫柔，所以花費在你身上的心思比較少，這也是那個人從同個樹根長出來的原本特質。當園藝師只想保留一邊的樹枝時，等於是在否認那個生命體的本質。

再加上我們大多沒能修整好自己這個庭園，更別說是成爲別人人生的園藝師了。即使如此，人們卻經常覺得自己已經獲得權力，可以動手修整愛人的庭園。不過，除了自己之外，沒有任何一個人能按照你的期盼改變，等你接受這點後，在下一個階段要拋出的問題就會比較明確。「當我接受對方無法改變時，我該怎麼做？」

不管你是要結束關係，還是要繼續維持，總要往某個方向前進，這個事實是不會改變的。而且你要走的路，並無法帶你回到過去的某個時間點，你無法回到充滿粉紅泡泡的世界裡，也無法回到雙方尚未傷害彼此、不曾感到失望和挫折的過往時光，更無法回到雙方還不認識、完全是兩個陌生人的時候。

不管好壞，你們都已經相遇並且彼此影響，而且不論是用什麼方法，這份經驗都已經改變了你們。你要把這個變化當作成長的機會，還是要當作倒退的黑歷史，終究都取決於你自己。

破碗中蘊含的愛的歷史

如果你選擇放下改變對方的欲望，並繼續維持關係，那麼你大概需要更大的勇氣。有人說破碗補了也沒用，意思就是不可能乾淨地消除關係的裂痕，重新回到以前幸福的狀態，但是可以將裂痕和傷口珍藏起來，創造出新的紋路，捏出更堅固的碗。

有一種名爲「金繼」的傳統工藝，這是種將破碎的器皿重新修補好，進而創作出新作品的技藝。重生的碗可能不是你喜歡的模樣，也可能有補不起來的小裂痕，但是，也許這就是不同的你和我相遇後能夠創造出來的最佳樣式，也正是由於無法修補的缺口，才製造出努力理解彼此的機會。在碎掉後重新修補的裂縫中，蘊含了你我的故事。

愛原本的樣貌和成爲更好的人，終究不是對立的兩件事。當你決心愛對方的原貌時，就等於是跨出了成長的步伐，邁入建立更深刻關係的階段。當你決心愛自己和對方的原貌時，就能夠判斷哪些裂痕是你能夠承擔的，而且也會願意接受值得忍耐的裂痕。

討厭一個人是有理由的

愛與恨只有一線之隔

進入社會後發現，難免會有你特別看不順眼的人，他們讓你覺得莫名討厭，總忍不住想：「那個人到底爲什麼那樣？」更慘的是，這些人如果是你每天都會見到的上司或同事，你很可能會害怕早晨的到來，甚至產生想就此消失的衝動。日常生活中與人起衝突，在人際關係中產生矛盾及負面情緒等，確實是壓力的來源之一。

討厭某個人的心情，其實和喜歡某個人的心情一樣，都是很強烈的能量。如果喜歡上某個人，就會很在意那個人微小的舉動及言語，即使人不在身邊，也總是會想起他。就連他小小的善意和親切的行爲，也都會自動賦予意義，發揮想像力來猜測：「他是不是喜歡我？」而且還無法停止想談論那個人的欲望，不管見到誰，都可以不厭其煩地講那個人的事情。

墜入愛河的人就連看到灰塵也能想起心愛的人；同樣地，墜入憎惡深淵的人，精神世界也正被討厭的對象支配。異極相吸，憎惡也和愛一樣，包含著對對方強烈的關心和欲望，不對，說不定憎惡比喜歡某個人的心情更強烈地占據了我們的意識。

討厭某個人的時候，我們會有什麼樣的反應？那個人的小小舉動也讓你神經緊繃，即使躺在床上，還是氣到睡不著。假如遇到同樣討厭那個人的人，就會開心得不得了。因爲敵人的敵人就是朋友，你們很快就會有強烈的共識，組成憎惡的同盟。有時會互相抱怨那個人的惡行和他討人厭的地方，有時會忍不住一直在他背後說他的閒話。總希望大家都討厭你討厭的那個人，並且企圖將自己討厭某個人的心情正當化，想確認自己是對的。

然而，在你爽快咒罵之後，常會感到後悔，有種不放心的感覺——「我是不是太輕率了？」、「我有資格批評別人嗎？」、「其他人會不會也在我背後罵我？」

憎惡也有我的份

討厭某個人並不需要特別的資格或正當性。其實你越是無法承認自己討厭某個人，越是無法接受自己內心產生的憎恨和厭惡也屬於自己的一部分，就越有可能受對方影響。因爲心理沒有可以盛裝憎惡的空間，所以把全部的力氣都用來將自己心中萌生的憎惡怪罪到對方身上。

於是對方小小的舉動也被賦予惡意，產生「他爲什麼討厭我？」、「那個人一定以折磨人爲樂」等念頭。爲了那些不可能清楚掌握的立場和意圖，自己玩起不合時宜的偵探遊戲。在心理學上，懷疑他人暗藏意圖、推測他人不懷好意的傾向，稱作偏執型人格（paranoia）。在這種偏執型人格中，若認爲自己因他人受害，或是自己正受到他人欺負，那就屬於被害意識（persecutory idea）的範疇。假如這種被害意識發展到嚴重缺乏現實感的狀態，就會變成被害妄想（persecutory delusion）。

雖然有程度上的差異，但剛開始出現偏執型人格的徵兆時，當事人大多有合理的原因和壓力來源。實際上，如果曾經遭人排擠，被欺負、受到他人背叛，面對非常小的線索也會保持高度警戒，所謂「一朝被蛇咬，十年怕草繩」就是如此。不過，雖然在自己的主觀世界中，的確有合理的原因和脈絡，但現實往往與個人主觀的世界不一致。因此，如果將過去的標準套用在現在的狀況，現在那些外部世界的他人，都因你過去的標準而不明不白地被冤枉了。

假設你因爲過去的傷口而對某人投以懷疑的目光，想必沒有惡意卻被誤會的人心情鐵定不好，因此對方很可能也會擺出不親切且具攻擊性的態度。你篤定且充滿疑心的眼神，潛意識中害怕的情緒，都會誘導對方做出攻擊性的行爲。當對方的態度充滿攻擊性時，你的疑心就會被強化：「對他第一印象本來就不好，我的直覺果然沒錯。」

不過此時下定論還太早。到底哪些部分是對方的問題，而哪些部分又是你造成的呢？面對這樣的問題，你眞能篤定地說「全部都是你的錯，我一點錯都沒有？」可以確定的是這種心態越強烈，你就越會忽略占據你內心的憎惡之意，也就是對自己在關係中的角色和責任一無所知。如果你撇開自己在關係中的責任，打從一開始，以雙方的互動爲基礎的關係就不可能成立。你如果在關係中失去了自己，就會喪失與他人溝通並連結的機會。

你會無法看清楚自己和對方在現實中是如何互動的，最後被孤立於充斥著憎惡與不信任的世界，在那樣的內心裡，世上到處都是壞人，而自己總是受害者。

憎惡中有自己的影子

雖然這是理所當然的，但每個人對世上的看法和主觀世界都不相同，所以如果仔細分析，人與人的相遇，其實是兩個主觀世界，也就是複雜且心理歷史悠久的兩個世界觀碰撞在一起。主觀世界反映出我們所屬的現實，同時也是我們在內在創造出來的世界。因此，憎恨和厭惡的開端，在某種程度上來說，確實有現實的脈絡可循，但我們往往戴上了自己的濾鏡，難以掌握問題的本質。實在不容易區分哪部分是眞相，哪部分是自己內心的產物。換句話說，當我們討厭某個人時，問題並不單純是那個人眞的很糟糕而已，說不定是因爲你將自己缺乏的部分和憤怒投射在那個人身上，才會造成這樣結果。

如果對方犯下了社會上不容許的罪行，或是做出超乎常理的行爲而造成龐大的損害，你發洩憤怒的方向會比較明確。如果對方眞的是壞人，雖然你在憎惡之火燃燒的過程中會備受煎熬，但當情緒過去之後，反而很快就能恢復內心的平靜。「你果然是敗類！」可以明確的針對對方的人格下結論，也可以很輕鬆地表明立場：「我不要和你來往了！」

但細究之下會發現，很少有人是壞到底的，所以我們的內心會覺得很混亂。而且常理和非常理之間並沒有能一刀兩斷的分界線，從起點到終點都是融合在一起的漸層，會根據觀看的角度產生變化，很有立體感。因此，當討厭的人並沒有犯下很大的錯誤，實際上也沒帶來龐大的損害，很難具體指出他做錯什麼時，我們的內心會更煎熬。因爲似乎沒有足以討厭他的正當理由，而且如果因爲一點小事就討厭某個人，自己好像就成了小心眼的人。

你討厭的人如果受到其他人的歡迎，或是在社會上有很大的影響力，又或是具備好壞參半的複合型人格，你心裡就會更不舒服。想把你討厭他的原因怪到他身上，卻又覺得不太對時，我們會問自己：「我到底爲什麼那麼討厭那個人？」

「我看不順眼的人非常多。只要有人稍微不禮貌，或是行事太高調，我就會忍受不了。不過有些人並不在意我討厭的那些人做了什麼，他們覺得沒什麼大不了的。某天我突然產生一個想法，爲什麼我討厭的人這麼多？」

講這番話的女人是個親切有禮的人，她很照顧身邊的人且個性溫和，所以很受歡迎。然而，在她親切的微笑及善意背後，卻有著無法相信他人的一面：「那件事不能那樣做！」她總是帶著不安的心情，勉強把別人的工作也攬到自己身上。另一方面，她還極度渴望獲得他人的認可，在諮商室裡也凡事都先向諮商師取得許可，像是「我可以喝口水嗎？」、「包包可以放這裡嗎？」

擁有這種個性的她最討厭的就是那種講話很大聲、任性行事的人。雖然是小事，但卻完全不過問周遭意見就自己推動，或是強烈主張自己的想法，如果遇到這樣的人，她的內心就會有股強烈的厭惡感在翻攪。她的憎惡和憤怒是從哪裡來的？完全都是因爲對方錯誤的行爲嗎？

「我們不會爲不屬於自己的部分感到痛苦。」根據創立「分析心理學」的榮格所說的：「當你很討厭某個人時，其實是你在他身上看見自己的影子。」所謂的影子，是指我們想迴避，或是隱藏在潛意識中的另一面。也就是自己絕對不想承認的面貌；不被社會接受而壓抑的黑暗面；沒機會化爲意識而零碎地殘留在心中的部分自己。我們在成長的過程中，學習各自歸屬之群體的規則，扮演社會要求的角色，進而形成人格特質。然後與這些環境要求相斥的欲望就會被壓抑到潛意識裡化爲自己的影子，占據心中一角。這時很容易將自己難以接受的影子投射到他人身上，藉此凸顯影子的存在。在他人身上發現某些很難保留在自己體內的東西，替那些東西貼上「不好」、「醜陋」的標籤後，把責任推卸給他人，其實我們是爲了這麼做才費盡心思的。

在母親嚴厲的教養之下，這女人做得好是理所當然，但犯點小錯就會受到嚴厲的指責，她的心中照樣遺傳了母親嚴酷的評價標準。與她臉上親切的微笑相反，能通過她內心細密濾網的人少之又少。除此之外，她總爲了獲得每個人的認同而費盡心思，所以對她來說「隨心所欲的自由」是不被允許的。在她親切有禮的面貌之下，暗藏著不安與對自己的不信任——「這樣做會被罵吧？」、「我這種人也可以隨心所欲地行動嗎？」

她在那些按照自己的期盼，毫無顧忌行事的人身上，看見了自己的影子。「我有時候也想要隨心所欲地做」、「希望別人也可以接受我偶爾卸下武裝的模樣」等等，這些非常基本的需求，長期以來都被她壓抑了。就像這樣，很多時候我們會在他人身上發現自己的一部分，或是自己不被允許的舉動，這都可能成爲我們討厭別人的原因。

從遠處看我的內心

所幸她能將尋找憎惡原因的能量由外部轉回自己身上。不再問：「那個人爲什麼那樣？」而是修正問題的方向，改問：「我爲什麼不喜歡那個人？」因此她才能在被無法承擔的恨意侵蝕之前，找回自己丟失的碎片，並且自然而然地知道自己該怎麼做。

她能對任意地推動自己主張的人說：「在你決定之前，先聽看看周遭的意見會比較好。」這麼做之後，她不再那麼討厭獨斷專行且講話大聲的人。雖然她依然會覺得對方的舉動礙眼，但憎惡的心情不再像之前那麼強烈，而是可以改變觀點：「那個人有那樣的一面，而我特別討厭那種個性。」

雖然那個人有那樣的面貌，但那並不是全部，我特別討厭那樣的個性是我的特質，不是對方的錯。當你對自己的理解變得更寬廣後，就會開始看見過去沒看到的部分。「有時候比起一一徵求同意，直接推動好像會更好。喜歡那麼做的人應該會覺得我優柔寡斷又讓人鬱悶吧！」

遵守禮儀、重視程序的特質在某方面來看，可能會太被動且優柔寡斷——這等於是從綜合性的觀點來看待自己。那個女人討厭某種特定行爲的本質並沒有改變。但是她正視自己心中的憎惡，發現了一直以來迴避的自己，原本只有黑白兩色的主觀世界，現在轉變成多色漸層的立體世界。

為憎惡空出內心的位置

現在試著回想一個你討厭的人，就算不到討厭的程度，回想一個你看不順眼，或是不想靠近，非好感大於好感的人也可以。接著把那個人的特質，也就是你不喜歡的特點寫下來。然後一一回憶那些特質，試著喊：「這就是我！」

「哇靠！超討厭的！」想必你自然會有這種反應。那一刻在心中湧現的不適感越強，想逃避的欲望越大，你越有可能正在強硬地壓抑自己不想承認的一面。而且那些被你忽略的碎片四處亂飛後，你勢必會想透過映照自己的他人，來證明自己的存在。

「我有那樣嗎？絕對沒有那回事，我不一樣！爲了不那樣生活，我多麼努力！」你或許會想像這樣主張自己的清白。然而，如果你承認我們都只是平凡人，就不能篤定自己沒有那樣的面貌吧？從另一方面來看，爲了隱藏自己討厭的面貌而耗費太多力量，可能反而是在限制你成爲原本的自己。

只要在現實中沒有對他人造成致命的危害，在自己內在世界產生的憎惡、憤怒、嫉妒等所有情緒都應該要接受才對。就算你感受到那樣的情緒，擁有那樣的欲望，那些感受也不能代表全部的你。你在心裡體驗到那種情緒和欲望，並不意味著它就會成爲現實。關鍵是妥善保存自己的情緒和欲望，然後消化它們。當你爲自己的情緒和欲望負責時，就能夠肯定你自己：「我內在確實有這種不堪的一面，但這是人之常情，我並不總是這樣，我仍然是一個不錯的人。」

相反的，如果有心理上的潔癖，哪怕只有灰塵般的大小，也不容許絲毫負面的情緒，那反而會產生一股破壞性的力量，把自己負面的欲望往外推出去。最終，對自己寬容，就是對他人寬容，也是你能成爲自己的方法。

在討厭的人身上發現自己的影子後，可以摘除憎惡的濾網，但這不代表你必須責備自己，將全部的責任攬在身上，說「都是我的錯」，也不是要你去愛並原諒所有的人。只不過，當你看清憎惡的情緒中，包含了對方與自己的責任時，就不會太責怪他人，自己也不會擔負太多責任。因此，即使在現實中你無法隨己意改變他人，還是能在自己的內在世界裡，設定與對方適合的心理距離，並且降低被討厭的人擺佈的機率。

如果能穩住自己心裡的中心，你在現實生活中就能決定自己要待在哪裡、要採取什麼樣的行動。

我名為朋友的影子，嫉妒

友情的模樣也會改變

朋友是分享感情的同伴，也是生活在同個時代的競爭者。兩個人之所以成爲朋友，往往是因爲擁有相似的生活條件。讀同一間學校、住在同一個地區、參加同一個社團等，因爲日常生活重疊而經常見面，共度的時間和信賴累積後，醞釀出某種被定義爲友情的東西。尤其遇到聊得來，個性和想法相似的人時，更會成爲獨一無

二的摯友。也就是說，在友誼的最初階段，兩個人之間的共通點相當重要。特別在深受同儕朋友影響的青少年時期，常會感受到朋友之間強烈凝聚力，也經常將「我們眞的很像」看作友誼的指標。

然而，彼此擁有的共通點，也會成爲嫉妒的種子。人當然是跟與自己類似的人比較，不太會跟與自己背景相差甚遠的人比較。再加上時間流逝，各自生活變得忙碌後，曾經非常要好的朋友也會逐漸拉開距離，重疊的日常領域也逐漸跟著減少。各自可能交了男女朋友，結婚組成家庭，或是埋首於工作之中，一年見不到幾次面。好不容易擠出時間見面時，又覺得朋友變得和以前很不一樣，會想：「他本來就這樣嗎？」看到朋友與自己對人生的轉折抱持不同的看法，做出不同的選擇時，也會覺得相當陌生。

這種時候就會覺得歲月無情，同時還會對彼此內心產生了距離而有些難過。但你其實不用太過惋惜，關係的型態本來就會產生變化，因相像而產生的親近感淡去，開始發現彼此的差異時，代表你們的關係正在成長。當你產生「這個朋友原來跟我想的不一樣」的想法時，不要覺得「原來你是這種人啊！好失望」，而是要帶著認識朋友陌生面貌的心情，重新建立關係。另外，覺得朋友看起來不一樣，也意味著你看世界的觀點正在發生變化。發現本來很相似的朋友其實跟自己不太一樣時，你會在過程中更加清楚地看見自己是什麼樣的人。從這點來看，朋友可以說是映照你的鏡子。只不過，這面鏡子不只照出你的外貌，可能還照出了你的影子。

優越感和自卑感猶如銅板的正反面

前面有提過，影子是自己沒有意識到的某方面人格特質。朋友是在近處映照你的影子的人。馮・法蘭茲（von Franz）也說過：「我們會和活出自己影子的人當朋友。」雖然友情一開始是建立在兩個人的共通點上，但其實兩個人在本質上具備不同的樣貌。朋友會做你做不到的事，或是引發你的嫉妒之心。他可能比你外向或有親和力，比你漂亮或帥氣，又或是比你優秀。如果你嫉妒交友廣泛，個性外向的朋友，那你很可能是內向且被動的人，而且你可能因爲自己的內向和被動而感到自卑。

假如無法坦率地承認自己的自卑，就可能會用暗中貶低朋友的方式來應對。「他看起來有很多朋友，但其實都沒什麼內涵，只是膚淺的關係。」例如用這種態度來回應，或是將自己對朋友的嫉妒投射到朋友身上，堅信朋友在嫉妒自己。因此，如果你產生「那個朋友總是在嫉妒我」的念頭，就有必要檢視看看：「我是怎麼看待那個朋友的？我是否也嫉妒他？」

「絕對沒有那種事。我爲什麼要嫉妒他？他又沒有哪裡比我好！」你越是這樣強烈反駁，越是企圖表現出自己的優越，就越有可能默默感到自卑。不管你有多麼優秀、聰明，有多麼受眾人欽羨，那股自卑感都不會消失，因爲自卑感總是來自於你沒能活出來的人格影子。

人一次只能選擇一個，選了一個就得放棄另一個，所以無論是誰，都一定會有某方面的影子。因此，每個人都有影子人格，你越是無法承認那個面貌，就越會將影子投射到他人身上。在你努力變得既優秀又聰明的過程中，其他被你忽略的部分會成爲你的影子，你越否認自己的生活已經失去平衡，就越會去貶低擁有那影子面貌的朋友。

假如有人說：「我不是那種會嫉妒朋友的人。」那麼他大概還不太瞭解自己，或是道德觀念太強，認爲嫉妒是不好的，這樣的人很可能壓抑了嫉妒這種任誰都有的情緒。如果你身邊的人像這樣經常否認人類自然產生的情緒和欲望，那麼你應該會覺得他不夠眞誠，常讓人感到不舒服。此外，「我絕對不是那種人」的確信，形成了僵化的價值觀和信念，很容易突變成他們用來評價和批評他人的標準。

經營一間小店鋪的男性，看到他朋友開了許多分店，拓展事業版圖時，越來越替朋友擔心。他實在無法理解朋友怎麼能貸款好幾筆錢，持續擴展事業。他還積極地建議朋友，事業規模變大後，有更多需要打理的事情，根本沒辦法好好休息，不應該那麼做。朋友把賺來的錢花在子女的教育費用上，還支援子女出國留學，但他的兒子完全沒有補習，書還是念得比他朋友的孩子好，對此他也表現出優越感。

朋友擴展事業版圖，完全不會對他造成任何危害，但這個男人卻異常擔心，執意要跟朋友說：「我很擔心你，我這麼說都是爲了你好。」貸款做事業是朋友的選擇，把賺來的錢用來支援子女的教育費用也是朋友的選擇，這個男人爲什麼無法尊重和自己不同的生活方式呢？說不定是因爲他心裡沒有足夠的勇氣能承擔風險來擴張事業，所以也沒有足夠的經濟能力可以支援子女，因此產生了自卑感。

他看朋友活出自己沒能度過的人生，嫉妒又覺得受到威脅，爲了證明自己沒有產生這樣的情緒，他用「爲朋友著想才擔心」來包裝。就像這樣，自己沒意識到的影子經常會以扭曲的模樣呈現出來。

在職場上表現優秀的職場媽媽，會從成爲全職媽媽的朋友身上，看見爲家庭和教養犧牲奉獻的溫暖母愛的影子，而全職媽媽則會從在職場平步青雲的朋友身上，看見成就和野心的影子。假如她們對彼此走上不同道路這件事並沒有互相認可，反而有其中一方對朋友感到失望，那麼實際上，在職場媽媽的心中可能有股罪惡感，覺得自己不是好媽媽、好妻子，並且正在壓抑那種感受。

同樣地，全職媽媽看著朋友時，如果產生「像那樣過生活有什麼好的？上班媽媽的小孩都會學壞」之類的心情，那麼實際上，全職媽媽是對自己的處境萌生危機感，正努力地壓抑自己心中想追求成就和社會認同的那一面。

沒有哪一方是完全正確或完全錯誤的。優越感和自卑感並非單純來自於客觀的優劣順位。其實不是因爲你比較差才覺得自卑，也不是因爲你比較優秀才感到優越，而是在你無法整合自己多元的人格面貌，只侷限於某一個面貌時，所產生的反作用。

在前述案例中，對全職媽媽感到失望的職場媽媽，其實是受到影子的呼喚，要她多關心爲人母親和妻子的自己；隱約在貶低職場媽媽的全職媽媽也受到影子的呼喚，要她多開發自己，展現自己的能力。

我們的內心藉由這樣的補償作用來達到平衡，敦促自己重生爲眞正的「我」。因此，不該把焦點放在朋友的生活上，對朋友說長道短，而是要認知到，那個朋友過的是他的人生，而你過的是你的人生，並且藉由觀察朋友來發現自己。

世上沒有完美的人

有時會有朋友活在跟自己不同的層次，度過帥氣的人生，看起來非常完美。透過客觀的社會標準來看，他擁有各種令人稱羨的條件。你可能會想：「她長得很漂亮，個性很好，家境優渥，工作很棒，人氣也很高。我如果是她，感覺會過得很幸福。」羨慕並憧憬自己缺乏的部分是很自然的心理。然而，「那個人應該過得很舒服」，這種話只是草率的猜測罷了。

自古以來有句俗話說：「沒有影子的就是鬼。」就像這樣，只要是人，不管是誰都一定會有影子。那個看起來很完美的朋友，也會有你不瞭解的一面，說不定他爲了展現出讓衆人羨慕的模樣，正更拚命地遮掩自己的其他面貌。因此，當你覺得某個人看起來完美無缺，自己相較之下顯得很寒酸時，比起想「那個人過得那麼好，我怎麼是這副模樣？」更應該想「看來我對那個人的認識還不夠深」、「我可能只看到他的一個面向」，這才是更貼近現實的反應。

假如你跟那個朋友變得更親近，更近距離地看見他眞實的面貌，就會發現沒有人的人生是不曲折、不辛苦的。朋友不只是你憧憬和嫉妒的對象，同時也是在艱辛的人生路上，能各自以樸素的模樣相處，並且成爲你的鏡子，讓你能以自己的模樣生活下去的人。

在現實中

你無法隨己意改變他人。

然而，如果能穩住自己心裡的中心，

就能決定自己要待在哪裡、

採取什麼樣的行動。

4.

與自己和解並建立好的關係

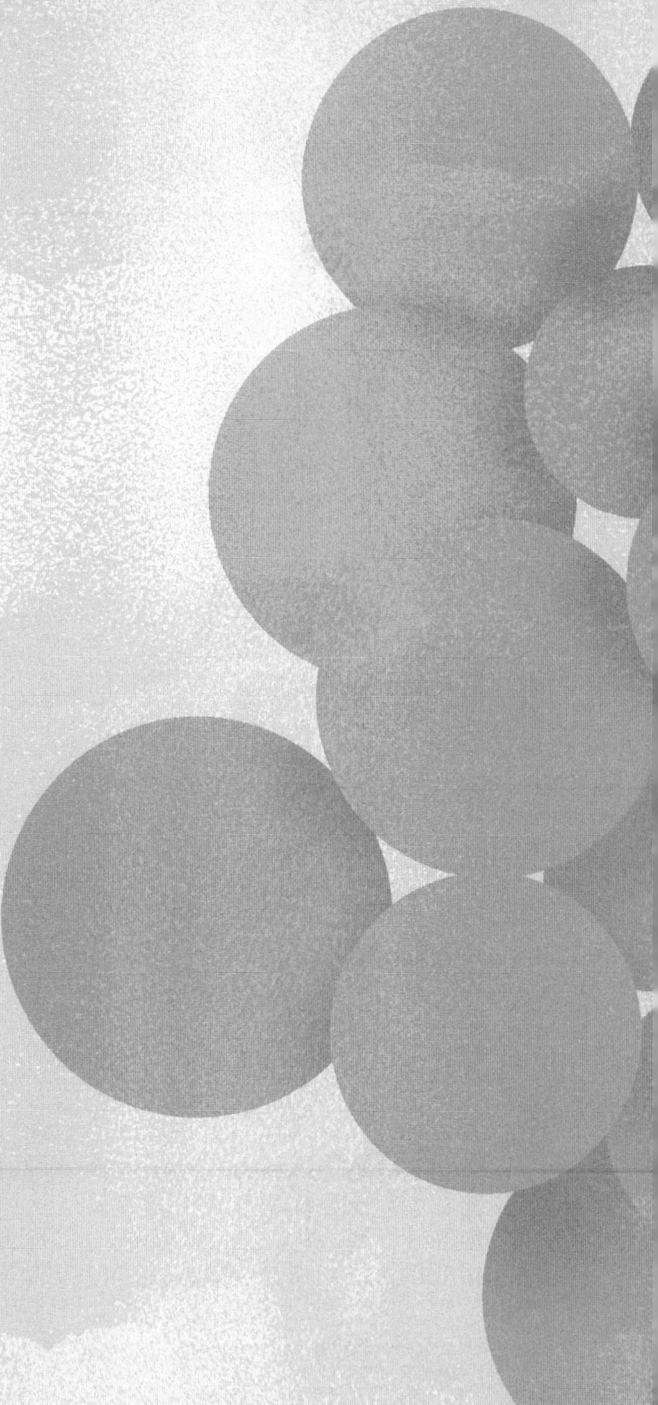

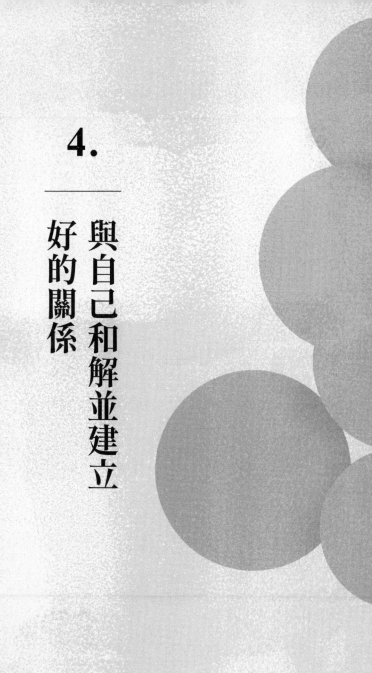

學會在混亂中穩定自我

很久以前曾在電視節目上，看到芭雷舞者姜秀珍對當時的韻律體操新星孫延在選手提出建言。雖然我不記得全部的內容，但大致上是在講「作品的完成度在於動作與動作之間互相連結的協調感」。正確做出每個動作固然重要，不過動作之間的連結要如同流水般自然，整支舞蹈才會協調，看的人也才會覺得舒心。

我聽到這番話後，覺得人格的成熟也是一樣。能否柔和地連結自己各種樣貌和經驗，並藉此妥善維持整體的協調和均衡是非常重要的。

「我」是誰？

我們擁有各種情緒、想法和欲望，和許多不同的人見面，被社會的文化賦予多種不同的角色。我的想法、情緒和欲望隨時都在改變，我遇到的人，我要扮演的角色也隨時都會產生變化。在經歷諸多變化的過程中，我們該如何維持一致的定位，不忘記「我」是誰？

昨天很憂鬱，覺得自己微不足道；今天卻很有精神，萌生一股什麼都做得到的自信感，昨天的自己和今天的自己是同一個人嗎？過去比起「人」更重視「事情」本身，現在則更看重人，這樣的自己是不是變得跟以前完全不一樣了？有人對某些人很溫和又親切，但對某些人又很冷淡，究竟哪一邊才是他眞實的面貌？其實那些面貌都是組成他的一部分，如果仔細觀察，就會發現他每個面貌都是其來有自。只不過，如果本人無法理解背後的脈絡，將各種模樣互相做連結，對於自己是誰就會沒有自信，而且還會出現自我概念不連續的狀況。

如果長期處在自我概念不連續的狀態，就很難與他人建立穩定的關係。行爲脈絡沒有連貫的人，會讓人摸不著頭緒，不明白他爲什麼採取那種舉動，爲什麼做出那種判斷，就結論來看，對於他是什麼樣的人並沒有信心。舉例來說，你身邊如果有一個按心情行事，非常善變的人，你也會感到混亂，不知道該如何搭配他的節奏，連自己的定位都會跟著動搖，最後可能會放棄這段關係。

爲了預防不好的結果發生，你需要一套自己的語言，並且琢磨好應對的態度，以便將自己善變的模樣互相連結，一起呈現出來。「我情緒起伏比較大，所以偶爾會讓人難以捉摸。即使我有注意了，還是會控制不了。如果這樣讓你的心裡不舒服，請你告訴我。」也就是像這樣能誠實以對的態度。

這不是要你重生成爲能完美控制情緒的人，而是要你理解自己有各種不一樣的面貌，同時也需要一個能說服自己和他人的連結點。當你將自己的經驗連結起來，決心在心裡完整承接這一切時，即使遇到混亂的狀況，還是能堅定地穩住中心。

邊緣型人格障礙

非常難像這樣穩住中心的人，自我意象和他人意象會隨時改變，情緒和行動難以捉摸，個性反覆無常。這樣的人在精神醫學界被歸類爲邊緣型人格障礙（Borderline Personality Disorder）。他們的特徵是自我認同混亂，對於自己的認識及評價、生活的目的及價值觀等不時都在改變，對於他人也經常表現出極端的態度，不是過度理想化，就是過度貶低。

這種不穩定性在親密關係中尤其明顯，一下子讚美愛人是世界上獨一無二的理想型，一下子又因對方稍微忽略自己的需求，或是表現出疏遠的態度，而怒氣沖天、大肆批評。先是做出破壞關係、傷害自己的行爲，當發現關係眞的要結束時，又被遭人丟棄的恐懼籠罩，對對方死纏爛打，並且一直重複這樣的行爲模式。

他們之所以會對他人那麼執著，是因爲他們堅信對方就是唯一的救命繩索，能抓住即將瓦解的自己。他們無法承擔自己驟變的想法、情緒和衝動，所以很難形成穩定且具體的意象。他們空洞的眼神就是在無法眞實感受到自己是誰的狀態下，出現長期空虛感的徵兆之一，當不連續性經驗累積到極端值時，可能會出現短暫解離（dissociation）的症狀。解離是個人的意識、記憶、自我認同，或對環境知覺的正常整合功能遭到破壞的狀態，患者可能不記得自己做過的事、不記得自己是誰，又或是覺得自己和身邊的環境相當陌生。嚴重時，一個人可能具備多重人格，同時擁有多個身分認同。

覺察經驗之間的連結

就算不是邊緣型人格障礙或解離性障礙這種很極端的狀況，我們在日常生活中也經常被眼前的事情追著跑，無暇覺察經驗之間的連結。然而，如果能覺察到這些容易錯過的連結，柔和地延續經驗的發展，將會確保個人擁有穩定的自我認同，並且能建立有信賴感的關係，同時這也是在教養上務必具備的能力。

不管再怎麼努力，都無法成爲不犯任何錯誤且完美無缺的父母。每個人都有自己的界限，在情緒瞬間湧上，別無選擇的時候，只好投降認輸。這時卽使無法完美控制自己的情緒和行爲，還是可以制定一個能讓人接受的範圍。

雖然在子女面前大聲吵架是要謹愼避免的行爲，但還是有許多父母忍不住怒氣，讓孩子看到他們爭吵的場景。然後過不久又相安無事、恩愛如常，這會讓子女感到混亂。當然，父母有自己的理由，而且對他們來說可能沒什麼大不了的，但子女卻在不曉得戰爭何時會發生的不確定性中，提心吊膽地度日。

爲了預防這種狀況發生，約好不在子女面前吵架並努力遵守也很重要，但如果沒辦法完美做到，就必須提供子女可以接受的連結點才行。「爸爸媽媽剛剛大聲吵架嚇到你了吧？那不是你的錯。是爸媽意見不合，聲音才會變大。現在已經和好了，不要擔心。」

卽使沒辦法總是和平相處，完全不吵架，不過父母如果能坦率面對自己的行爲，並提供行爲之間的連續性，孩子還是能對父母建立一致性的信賴感。有這種經歷的孩子能認知到父母也是人，會有犯錯的時候，但卽使如此，父母依然愛自己，因此得以在這信心的基礎之上打造安全基地。而這安全基地將會成爲盛裝自己所經歷的各種情緒和想法的地方。目擊父母吵架時的恐懼與擔憂，以及後來看見父母和樂融融時感受到的混亂和安心等多樣化的內在經驗，都有了可依循的脈絡，這使孩子足以承擔這些經驗原來的樣貌。

孩子從小看著父母有能力將自己多元的樣貌和經驗連結並整合，長大後就很有可能形成足以整合自己且有一致性的自我概念。因爲他知道自己在經歷某些事情時都有來龍去脈，而且人類本來就具備各種不同的樣貌，這是他在內心深處早已接受的事實。

許多父母之所以無法展現將經驗連結起來的樣貌，是因爲他們沒有可以效仿的模範，而且也很難站在孩子的角度來觀察事情。夫妻之間偶爾的爭執，沒料想到會讓在一旁的孩子感受到龐大的不安、看父母的臉色。夫妻吵架後，彼此就算沒說開，也能若無其事地繼續過日子，但對孩子而言，強烈喚起情緒的事件，已經烙印在腦海中。因此，父母雖然都已經忘了，孩子卻在承擔負面的效果。等孩子長大問父母：

「當初爲什麼要在我面前那樣？」

大多數的父母聽了都會反彈：「我哪有！」或是不以爲意地帶過：「又不是什

麼大事，怎麼記到現在？」對父母來說，那可能不是什麼足以記在腦中的特別事件，又或是他們根本不想要記得。

如果父母沒有將子女看作獨立的個體，明白子女在那個年紀有自己能理解的範圍和需求，就會誤以爲孩子當然能理解自己的狀況。身爲父母，他們沒有去理解並照顧孩子，反而是將擔子推到孩子身上，要他們理解父母。

「當然會理解吧？」「這不是理所當然的嗎？」這種妄下判斷的態度正是自我中心，如果沒能丟棄以自我爲中心的觀點，就很難形塑出可以連結並盛裝自身經驗的器皿。

表達自己的想法，同時顧及別人的感受

有名女性在晤談時間分享她面對摯友A時的煩惱，她們已經相處了十年以上。朋友A有一個姊姊，姊姊從小就與家人分開生活，在阿姨家長大。A一出生就因爲

先天性心臟畸形而動了許多次大手術。因家庭經濟狀況不好，父母不得已情況下便把姊姊送到阿姨家去。姊姊跟著阿姨一家人移居國外，並且在那裡完成國高中的學業。雖然姊姊回到韓國就讀大學，但因爲住在宿舍，所以和A相處的時間總是很短。

不過姊姊大學畢業後開始工作，同時也回家和家人一起住。A覺得這種陌生的同居生活很不舒服。她從小就因爲體弱多病而獨占父母所有的關心，在家中實際上也跟獨生女沒什麼兩樣，所以她很難接受姊姊的存在，這是非常自然的現象。不過晤談者卻覺得A的反應莫名地讓她不開心，A不喜歡媽媽配合姊姊的口味準備飯菜，姊姊沒有把房間打掃乾淨也讓她很不滿。A自己也幾乎不做家事，談到姊姊時卻說：「新來的應該爲自己負責吧！都這個年紀了，怎麼連打掃都不會做，也太不要臉了！」再加上姊姊在國外唸書，所以精通英語，這點也讓A很羨慕。

晤談者一方面可以理解朋友A的立場——分開超過二十年的姊姊突然回家一起住，一定會很不適應，而且自己在家裡的地位受到威脅，想必也會感到不安。不過晤談者覺得A的態度讓人非常不舒服，聽了那番話後，她開始疏遠A。問題究竟出在哪裡呢？

「我可以理解朋友A的立場，如果是我也會很辛苦。但是我在聽朋友講這些事的時候，比起朋友，我更同情那個姊姊。明明我們從未見過面，爲什麼卻會更在意她，而不是我的朋友呢？」

晤談者之所以會感到不舒服，大概是朋友A不考慮別人的立場、以自我爲中心的態度，讓她心生警戒。那個朋友陷入在姊姊突然闖入自己的人生時所帶來的不適感，因此，姊姊和父母分開的這些年如何過生活、心裡有什麼樣的感受，她完全不關心。

除此之外，朋友A對於別人聽到自己的故事後會有什麼樣的反應，也完全沒放在心上。她理所當然地認爲，自己的朋友一定會站在自己這邊。假如A將自己複雜的心境做好連結，在傳達時考慮到他人的立場，狀況會有什麼不一樣？

「這樣說可能有點自私，但跟姊姊一起住難免還是不太舒服。看到她不打掃房間，覺得有點討厭她，而且她英文很好，在外商公司上班，心裡又覺得有些羨慕。不過姊姊過去都和爸媽分開來生活，她應該也討厭我吧？」

這種態度雖然誠實表達了自己的情緒和想法，但同時也有一併考慮到聽者心裡的感受。這等於是有注意到聽的人可能會不太舒服，並且也承認自己自私的一面。另外，她沒有一味地正當化自己的不適，而是連姊姊的立場都考慮到了。她的故事中除了自己的觀點外，還從不同人的觀點出發，將複雜的經驗連結起來。

「我很糟糕」和「我覺得自己很糟」

我們通常都會對坦率但能包容多元觀點的人產生信賴感；相反地，會對只在意自己的人產生警戒心。因為我們會擔心跟那種人靠近時，自己的想法無法受到尊重，同時也感受到危機，害怕會被對方自我中心的理論影響而失去了自己。

因此，為了獲得他人的信賴，我們必須先誠實面對自己的內在經驗，要能從多元的觀點來看待自己的經驗。這不只是為了與他人建立親密關係，同時也是為了照樣接納自己而「活得像自己」。我們要真實去經歷自己內在產生的各種想法、情緒和欲望，而且也需要能連結這些經驗的態度，以及能盛裝這些經驗的器皿。

「我很糟糕」和「我覺得自己很糟」這兩種想法有很大的差異。當你覺得「我很糟糕」的時候，你就會按字面上的意思變成一個糟糕的人。而當你察覺到自己的想法，明白「我正覺得自己很糟糕」時，你就能夠分辨「覺得自己很糟」只是一個裝在你的器皿中的想法。

在這個器皿中，除了「我很糟」之外，有些時候會裝滿「我很憂鬱」之類的情緒，但有些時候也會充滿「我很棒」、「我很開心」的感受。另外，因爲有這個器皿，你才能將有時糟糕又憂鬱，但有時很棒又開心的自己連結起來，成爲一個能被自己和他人接受的「你」。

這種思考自己認知的能力，懂得拉開距離觀察內在經驗的能力，也就是從他人的觀點來看待自己的能力，被稱作「後設認知」（meta cognition）。這是一組新的濾鏡，能讓你正視自己在現實中度過生活時，所具備的複雜且立體的樣貌。

本章將會說明，當你沒有這種濾鏡時會遭遇到的困難，以及受負面想法綑綁的狀況，還有思緒混亂的情形，並且展開一段旅程，好讓你套用新的濾鏡——相當於後設認知的心智化以及「正念」。

我是自己想法的主人嗎？

情緒渠道和認知渠道

當我們經歷某件事時，從心理學的角度來看，該經驗會被分成兩個渠道來處理，一個是「情緒渠道」，一個是「認知渠道」。情緒渠道主要負責處理情感，認知渠道主要負責處理想法。面對內在產生的情緒和想法，你能多健康、靈活地接受，也就是你的情緒渠道和認知渠道有多發達，將會左右心理健康的程度。

情緒渠道和認知渠道會藉由天生的特質、力量，以及與環境的互動而挖鑿出來，並且不斷產生變化。在這個發展過程中，以前的情緒和想法會逐漸分化得更成熟且複雜，促使你從多元的觀點切入來感受並思考自己的經驗。如此一來，你就能擺脫自我中心的觀點，以綜合性的觀點來看待自己、他人和這個世界，這就是心理層面的成熟。

在生命階段的初期，對你的情緒和想法做出細膩的解讀和回應的照顧者，會成爲你挖鑿健康的情緒及認知渠道的基礎。當然，即使你在幼年時期基礎沒打好，也不代表你永遠都必須生活在沒有這兩個渠道的貧乏內在世界裡。

在前面「有時我也不太瞭解自己」的章節中，已經說明了藉由照顧情緒來挖鑿情緒渠道的過程，在本章將會介紹如何藉由照顧想法來挖鑿健康的認知渠道。

想法就像是病毒

談到想法時，普遍都會有的誤會之一就是「我是自己想法的主人」。因爲想法的主體是我，所以我可以控制我的想法，而我的想法就代表了我。舉個極端一點的例子，當你浮現「我是笨蛋」的想法時，是因爲你確實是笨蛋才會產生那樣的想法，而因爲你已經那麼想，所以你等於是相信自己的確是笨蛋沒錯。

然而，你的想法眞的全都來自於你的意志嗎？你所思考的內容，全部都能反映出眞實的你嗎？只要稍微留意想法的流動，就會知道想法在運轉時，與你的意志並無關聯。

「一直在想事情，根本睡不著！」有很多人躺在床上時，因爲侵入意識的種種想法而受失眠所擾。思考的主題大多是對過去的後悔、讓你在被子裡踢腳的記憶、緬懷無法倒轉的過去或擔心不確定的未來、悲觀的前途等，各式各樣的內容。貫穿這些主題的共通點，就是脫離現在，思考自己無法控制的時機點。因爲你無法扭轉已經發生的過去，也無法預測不曉得會變得如何的未來。

如果想法的時機點停留在過去，很容易就會陷入憂鬱；如果跑到未來，很容易就會被焦慮纏身。憂鬱和焦慮是人經歷的主觀痛苦中，最主要的兩大山脈。但同時也是一種信號，讓你知道自己正執著於某個無法改變的狀況。即使如此，我們之所以還是無法輕易斬斷思緒，是因爲「沉浸在思考中」被當作一種逃避負面經驗的手段，又或是在思考的期間，覺得自己掌握了害怕面對的結果而感到心安。因此，就算刻意抹除占據腦中的那些想法，也會在潛意識中不停走往自己打造出來的思想世界，最後完全失去主導權，被關在自己製造出來的想法裡，或是整個被吞噬掉。

在克里斯多福・諾蘭（Christopher Nolan）執導的電影《全面啟動》中，主角柯柏和他的妻子茉兒爲了進行夢境的相關研究，在夢的世界裡度過了幾十年的時間。爲了讓日漸搞混夢境與現實的茉兒回到眞實世界，柯柏在妻子的夢中種下想法的種子：「你現在在做夢，要從夢裡醒來，才能回到現實世界。」不過，茉兒回到現實世界後，還是無法擺脫植入潛意識的想法。最終在眞正的現實世界中，她仍舊相信要從夢裡醒來，因此爲了醒過來，她從高樓跳下去，結束了自己的生命。茉兒看不見自己腳踩著的現實，反而受想法所困，追著假象跑。柯柏說：「想法就像病毒。

它很有韌性且繁殖力強。想法的種子一旦萌芽，甚至會變成人的本質，徹底改變一個人。」

刻在潛意識中的心像，侵入性思維

想法的中毒性很強，所以爲了不讓大腦被想法的種子占據，必須懂得辨別心裡浮現的想法。人類的想法可以根據意識化的程度和自發性的水準來分辨。

首先，侵入性的思維指的是不受意志控制，突然在腦中浮現的想法或心像，其中大多包含在意識層次難以接受的內容。因爲這是超出自己控制範圍的現象，所以經常被看爲各種精神疾病的徵兆。舉例來說，有強迫型人格障礙的人，可能會產生突然想殺死某個人，或是有病毒侵入自己全身的想法，又或是擔心有小偷闖進家裡等強迫性思考。創傷後壓力症候群（PTSD）中有一個「重現現象」（flashback），也就是在創傷後猶如再次經歷當時事件般重新回到過去。例如，因交通事故而受到生命威脅後，腦中反覆浮現事故現場的畫面。遭受龐大的壓力或罹患憂鬱症時，可能會出現自殺傾向的衝動心像，比如說想衝出去給車撞，或是想從高處跳下來等。

當然，侵入性思維並不只在罹患嚴重的精神疾病時才出現，大部分的人在日常生活中也會浮現侵入性思維，但常常沒有察覺，或是卽使察覺了也不以爲意。因爲人們認爲想法就只是想法，那個想法並沒有對活在現實中的自己造成很大的影響。就算產生很想殺害某個人的想法，自己也不是殺人犯；就算回想起過去遭遇的可怕事故，現在的自己也很安全。

不過，當思考和現實的界線沒有很淸楚時，就會覺得侵入性思維具有威脅性。因爲想法就猶如現實。因此，人們往往會想否認這些具威脅性的想法，而且也很難將和侵入性思維相關的經驗看作自己的一部分，所以常會努力將這些都推到自己的意識之外。人們不僅害怕承認這些經驗屬於自己，還非常相信自己絕不是衝動思考、產生殺人欲望的人，而且過去發生在自己身上的悲劇也是絕對不該發生的事情。善與惡，正確與錯誤，關於這些概念的理想基準越強硬，對善良世界的信心越強烈，就越難接受黑暗的欲望和無法控制的人生。

從這個脈絡來看，在現實生活中有人說「惡人會得利，善人會承受痛苦」，似乎講得沒有錯。然而，不管是惡人還是善人，如果只看現實中的單一層面，那麼距離心理學上成熟的定義就還很遙遠。成熟指的不只是現實的正向面貌，而是連負面的面貌也能一起承擔。總是快樂又正向的人生，只屬於情境喜劇的主角，現實生活中的人不管是誰，都會活出複雜的人生故事。否認那個複雜性，曾企圖將其推到意識外的經驗和想法，反而會招致更多侵入性思維。就像「不要去想大象」這咒語總會讓人一直聯想到大象一樣。

善良卻不夠成熟的父母，將自己很難接受的經驗轉移到子女身上，結果造成子女自我認同上的分裂。「我喝酒後絕對不會在別人面前犯錯」，有位女性的爸爸帶著這樣的信念生活，她長大後依然爲童年記憶所苦。

「我小時候，爸爸酒醉後會長篇大論講好幾個小時的話，還經常跟媽媽吵架，甚至拿刀亂揮。如果爸爸有承認自己的錯誤，不對，如果爸爸至少不會罵其他人，我大概還會可憐他。但爸爸硬是堅持自己是好人，所以記得他犯了什麼錯的我，就變成不瞭解父母恩惠的壞人。一點小事就受傷，還一直放在心上，奇怪的人大概是我吧！」

酒品很差的父親，從另一方面來看是一個善良且無私的家長。然而，在女兒長大成人後，父親酒醉後拿刀追人跑的模樣化作侵入性的思維，突然浮現在她的腦海中。她夾在父親好的模樣和可惡的模樣之間，感到非常混亂。她無法相信自己的記憶、無法相信自己對父親的愛以及父親對自己的愛，而且也很難分辨言行不一致的人藏在背後的眞正意圖。「對方堅持自己是對的，所以錯的應該是我吧？」她很難丟棄對自己的懷疑。

父親酒醒後的隔天，包括父親在內的所有家人都若無其事地行動。他們圍坐在餐桌邊，不以爲意地聊些日常的話題。在不曉得該如何理解這個狀況的混亂之中，女兒愣在原地做不出任何反應，結果反而被家人責備，說她破壞氣氛。在這個家庭中，只有女兒記住負面經驗，並淪爲盛裝那些經驗的垃圾桶。父親沒辦法自己整合起來的部分經驗，其他家人避而不談的矛盾，等於都由她一個人來承擔。

在心理諮商的過程中，區分晤談者的記憶哪些是事實，哪些是謊言並不重要。隨著情緒受衝擊的程度，過去經驗的脈絡和出現頻率很容易會被誇飾或扭曲。另外，諮商師不是法官，他的工作不是要判斷對的是晤談者，還是晤談者的父親。不管事實爲何，在晤談者的主觀世界中，確實有一個酒醉後拿刀追人的父親，而且父親的聲音仍然在動搖她的信心。雖然隨著時間流逝，埋藏在記憶中的情緒會揮發且失去感覺，但當遭遇困境，覺得現實生活很辛苦，或是很難堅持自己的信念時，父親的亡靈一定都會重新被喚醒。

「妳應該很害怕吧！」當諮商師讀出她在小時候感受到的情緒時，她才發覺自己「很害怕」。看著若無其事的父母，她只好麻痺自己，否認自己感受到的情緒。然而，那份恐懼以尚未消化的型態殘留在她的體內，父親拿刀追人的模樣藉由侵入性思維呈現出來。

就像這樣，情緒渠道和認知渠道會互相影響。如果處理情緒的情緒渠道沒有正常運作，大部分與之相關的情緒都會轉化成想法的型態，侵入認知渠道。女兒替這個陳年的情緒命名，並在充分哀悼之後把它送走，於是侵入性思維就不再壓迫她了。現在就算腦中浮現父親拿刀追人的模樣，她也能理解那個畫面的含義並主導想法。

除此之外，女人也體會到過去的事件雖然出自父親的行爲，但那個記憶現在之所以會不斷重現，其實是因爲她自己。當她想起父親可怕的模樣時，通常都是她努力要做到某件事，或是覺得自己在迎戰這個世界的時候。當她被辛苦的狀況逼得喘不過氣時，就會想起同樣強勢且可怕的父親。她理解過去的記憶對現在的自己發送了什麼樣的信號，因此才能擺脫過去的記憶，將目光轉回當下。「那個時候我真的很害怕又辛苦。現在又想起當初的畫面，看來我現在也覺得很辛苦又吃力。到底是什麼事讓我覺得辛苦呢？」

女人從另一個觀點來看待父親責備她的聲音，因此開始能將內化的父親的聲音和她自己分別開來。她的父親雖然愛子女如己，但面對家人時卻沒有界線。在父親看來，家人不是外人，所以自己喝醉酒在家人面前犯錯，並非在外人面前犯錯。如果是家人，就算不說出口，當然也能理解他這個家長的心情，而且他相信那種程度的失誤，家人都可以裝作沒有看見。

不過，女兒當然和父親的期待不同，她擁有自己的「內心」。她能感受到不同的東西、產生不同的想法，甚至是受到傷害，這些都是她的自由。子女擁有獨立的「內心」，和父母是不一樣的人，而且認定這點，將會成爲子女脫離父母，在心理上獨立的前提條件。

未滿足的需求，浮動的雜念

有個東西比侵入性思維更接近意識，但仍屬於非自發性的思考活動，也就是取代未滿足的需求在腦中浮現的雜念。這些雜念極有可能是未滿足的需求的替代品，但大部分的人很難自己覺察雜念和需求之間的關聯。

舉一個爲暴食症所苦，受食物的雜念影響的例子。即使想忍住不暴食，腦中還是會一直想到食物，直到胃完全被填滿爲止。不過，這種想法很有可能不是生理上的飢餓，而是情緒上的飢餓。也就是說，這不是食慾，而是自己有其他部分的需求沒有被填滿。撇開對食物的渴望，你可能會面對獨自一人的孤單、害怕搞砸的焦慮、對拖延待辦事項的自己感到失望、害怕被親近的人拋棄等情緒。

在現實中，親密感的需求很難滿足，而且也很難爲自己感到自豪，所以在潛意識中可以代爲塡滿飢渴情緒的替代品，就會浮現出來誘惑我們。當你被誘惑吸引，做出衝動的反應時，羞愧感就會湧上心頭，而爲了忘卻那種感受，又會有更多的雜念如潮水般不斷湧入。如果想擺脫雜念，就必須留意自己現在處於什麼狀況，對哪些部分不滿足。「這不是肚子在餓，是心裡覺得孤單。」「這不是肚子在餓，是內心感到焦慮。」要覺察雜念和自己的情緒以及受挫的需求之間有什麼關聯，才能想到替代方案並採取行動，好在現實生活中滿足自己的需求。

缺乏現實感的被動想法，幻想

有種想法比侵入性想法或雜念更接近意識，它是自發性但缺乏現實感的被動想法，那就是幻想。幻想是按照自己的期盼編輯部分現實後，戲劇化地創造出內容的思考方式。例如：肚子餓時，想的不是要煮飯，而是「眞希望那棵樹上的果實能直接掉進我的嘴中」，期待這類發生率極低的事情，緊緊抓住一絲絲的希望。幻想中的代表案例就是暗戀。愛基本上是由成對的兩個人互相交換情意，但暗戀並沒有符合這種愛情公式。雙方之間的情意不對等，而且也沒有兩人的互動來作爲現實的基礎。

羅伊・鮑邁斯特（Roy F. Baumeister）以有暗戀經驗的人分享的經歷作爲基礎，分析了暗戀的心理動力關係。會產生暗戀，最終意味著兩個人之間的理解不夠。暗戀以錯開爲前提，也就是說，會經過一個雙方在情緒上無法接觸，導致彼此互不理解，結果自己任意分析的過程。暗戀別人的追求者無法看清對方的眞實樣貌，還將自己的幻想投射在對方身上。對方講的一句話，一個小動作，生活中的偶然等，這些瑣碎的小事都會變成希望的種子，化作奇幻故事的材料。將對方沒有特別涵義的笑容，解釋成對自己的關心，偶然的相遇也被硬凹成命運的前奏。

相反的，被暗戀的人很難對追求者澄清自己的心意。雖然很感謝對方喜歡自己，但同時又覺得不太自在。不管自己對對方有什麼樣的感覺，問題在於如果拒絕對方，自己就會變成壞人，這造成了心裡的負擔。追求者怕被拒絕後失去幻想中的那個人，而被暗戀的人則不想當拒絕別人的壞人，所以兩個人都對坦承自己的情緒猶豫不決。追求者沒辦法開口告白：「我喜歡你，你呢？」對方則無法問：「你是不是喜歡我？」

在曖昧模糊的氣氛中，追求者雖然持續在察言觀色，腦中卻已經告白、交往、結婚、取好孩子的名字，自己撰寫了一部虛幻小說。不過，那些事當然沒有實現。如果想結束暗戀，就要告白自己的心意，清楚確認對方拒絕的意向，或是從現實的角度看清對方是什麼樣的人。你幻想中的那個人實際上眞的和你想的一樣嗎？瞭解對方實際的樣貌後，你或許會發現你的幻想完全是錯覺。就算兩個人眞的交往，交往後對方也不會是你想像中的那個樣子。對此，羅伊・鮑邁斯特說：「暗戀這個現象之所以會產生，是因爲對不會實現的未來懷抱著想像，終結暗戀就意味著一切的希望和想像全都消失，重新回到現實中。」

假如你一直看上無法交往的對象，沉浸於得不到回應的愛戀，或是一再思索與對方有關的幻想，那麼這種愛情的原動力可能是來自於你對自己的不滿足。像是幻想對方能塡滿自己沒具備的某個部分，只想記住那個人在幻想中符合自己期待的模樣。等於是將暗戀當作一種逃避現實的手段。因此，如果你有熱衷於暗戀的傾向，就有必要問自己有沒有站在現實的角度來看待對方，有沒有努力和對方在現實中建立關係。「我有多瞭解這個人呢？」

如果你眞心想瞭解對方，而在保持一定距離的狀況下留心觀察，就會看見對方如何回應你的好意，也會看見當你更靠近一步拉近距離時，對方是否有後退。爲了確認對方的想法，你必須將自己的心意付諸行動，這樣才能看清楚對方的反應。如果你靠近，對方卻拉開距離，那麼也要懂得尊重對方的心情。

倘若你很難認識對方是什麼樣的人、很難弄清對方的眞心，而且也很難鼓起勇氣告白，那麼就必須承認你比起現實，更偏好停留在幻想當中。然後也要明白，這部浪漫小說總有結束的一天，並且把目光轉回到自己的現實生活中。也就是去探究看看，現實中到底缺乏了哪個部分，才會像這樣滋養出虛幻的愛情故事。

渴望關愛的人，可能是想藉由對方的親切來塡補自己的匱乏，也可能是覺得長期交往的戀愛關係很無聊，才渴望得到新戀情的悸動。認爲自己沒資格被愛的人，有可能會藉由幻想不可能實現的愛情來自我安慰，對象甚至不侷限於某個特定的人。

不管暗戀的對象是誰，都不要忘記你的現實仍然停留在原地，沒有改變。卽使不是暗戀，當你察覺自己總是在腦中用幻想編織虛擬故事時，還是要正視自己的狀況，明白那些只不過是自己創造出來的想法罷了。唯有如此，你才能在用短暫的幻想來逃避現實並獲得安慰之後，重新腳踏實地的生活。當你爲了尋找餅乾做的房子而走入森林裡時，必須沿路留下小石子，幫助自己回到現實。就像《全面啟動》的主角柯柏爲了區分夢境和現實，總是隨身攜帶陀螺一樣。

分析原因、思索對策的問題解決型思維

跟前述提到的三個種類不同，問題解決型思維是以現實爲基礎，有意識且自發性的思考。這類型的思維會分析問題發生的原因，並以現實爲根據來探索解決方法，是目的性很強且合理的思維模式。有建設性的思考不會僅止於想法，而是會轉化成積極的行動，極有可能對現實生活造成直接的影響。

某個青年決心要在所有人面前當個好人而一路努力到現在，但職場同事毫無理

由的冷漠和無視讓他相當難忍受。他們之間並沒有什麼特別矛盾或爭執的契機，那個同事卻從某一天開始突然把他當做隱形人。青年回想那些不愉快的記憶時，負面的情緒彷彿也跟著重現，所以他選擇不再追究，把專注力放在工作上。然而，發生過的事終究無法視若無睹，現實就是他每天都會遇到那個同事。那個同事最近甚至連青年跟其他同事待在一起時，也對他做出無禮的舉動。某天青年正在跟公司後輩聊天，那個同事卻突然插進來，大聲對後輩說：「你趕快過來這裡！」迷迷糊糊地把後輩送走後，青年還沒明白這股攪亂內心的不適感究竟是什麼。

當「要成爲善良的人」這種觀念根深蒂固時，人們往往會覺得不麻煩別人、行爲舉止有禮是最重要的事情，但卻沒有學會保護自己的方法，這樣的人在面對他人無禮的侵犯時，往往是毫無防備的狀態。因爲他們認爲，人不會做出那種沒常識的事情，所以其他人會在什麼時候用什麼方式越線，他們完全無法預料，經常會連最基本的自我防禦都做不到。因此，當別人越線時，他們常常反應不過來發生了什麼事，只是束手無策地遭受攻擊，或者他們擔心自己如果發洩怒氣，就會一發不可收拾，因此而怯場，一再地壓抑憤怒，最後忍出病來。

不太瞭解自己在什麼狀況下會覺得不舒服，不太知道自己是什麼樣的人，只是按照社會的期待安分地長大的人，面對憤怒往往很生疏，覺得很難處理。他們大多不知道需要適當發洩怒意，更不知道其實可以用柔和但堅定的態度來傳達怒意。因爲對善良的人來說，憤怒是必須從自己的心裡除去的壞情緒。

不過，沒有發洩出來的憤怒會在自己的心中被放得更大，如果將這些怒意都發洩出來，自己似乎會爆炸，整個人失控，所以他們非常害怕。由於他們沒有在適當的範圍內發洩過，所以在他們的想像中，憤怒會像怪物那樣猛烈地爆發出來。但是，憤怒其實是個信號，正告訴你現在是該主張自己想法的時機，至少要把對他人表露的親切分一半給自己，藉此親切地回應憤怒的呼喚。這種人需要重新定義憤怒：

「憤怒不是壞東西。」
「憤怒的另一個名字是自己的主張。」
「憤怒也可以溫和地表達出來。」

所幸這位總是想當好人的青年，充分具備有建設性的問題解決型思維。我們回到他被同事無禮插話的當下，重新喚醒當時的經驗。當我要他直接說出那時想對同事說的話時，他非常的猶豫。我跟他說罵髒話也沒關係，安撫了他的情緒，他才說：「你為什麼隨便插話？你在家裡是這樣學的嗎？」這類沒有修飾過的情緒終於浮上水面。我問青年之前為什麼沒辦法這樣表達，青年說這樣他好像就會變成沒禮貌的人，而且也會擔心自己在公司內部的評價。

他說的沒錯，所以現在重點是尋找不失禮貌又能明確表達的方法。要思索自己的情緒及處境，同時又要考量對方的立場，對青年來說，日常生活中很難經歷這種解決問題的過程，他向來將憤怒當作二選一的課題，不是忍耐就是爆發出來。但其實可以同時參考自己現實中的各種狀況，並且在一番深思熟慮之後，用恰當的語言來表達自己的主張，進而解決問題——「我的話還沒講完，你稍等一下。」

說不定就是這麼簡單！青年因為說不出這句簡單的話而長期困擾不已。不過也沒必要因此責備過去沒能好好應對的自己。在那個時候，以你的能力來說，已經盡力做到最好了，而且經過這一連串的經驗，往後你將會具備新的對策。你只要明白，當時的你不得已只能那樣，但現在的你已經學到新的方法了。當然，即使你下定決心：「下次遇到類似的狀況時，我一定要這樣說！」你的反應還是很可能會慢半拍，又或是聲音顫抖個不停，嘴巴跟不上腦袋，語言組織力糟糕透頂。

不過你不需要太失望，如同短期的訓練無法瞬間練出身體的肌肉那般，一兩次的嘗試也很難充分壯大心理的肌肉。要有耐心地重複解決問題的過程，如此累積起來的經驗會讓你更有自信，感覺自己變得比昨天的自己更好，這就是度過現實生活的養分。

從思維的品質層面來考量時，有建設性的問題解決型思維，是自發性最強，意識最明確的想法，而且也是我最推薦的思考模式。但並不是所有潛意識且非自發性的思維都轉化成有建設性的思維，心理就一定會變健康。在心理健康方面，最重要的不是某一種資源特別突出，而是全體要達到平衡並維持靈活。不論是侵入性的思維，還是雜念和幻想，所有的想法都有它自己的功能。另外，這也不是我們刻意爲之的，而是我們的心裡總是在產生的經驗。越是壓抑並否認某一種經驗，心理狀態就越容易失衡，反而會轉換成另一種型態，導致問題惡化。抹去負面的想法，勉強轉換成正向的思考，這也很容易遇到界線。只留下正向的好想法，就和陷入負面的悲觀想法是一樣的，兩者都阻斷了對自己綜合性的理解。

在你的內在世界中，與你自己的意志無關，會有許多想法冒出來後又消失，並且反覆不斷。你不可能一一審查那些想法，將不好的過濾掉，只留下好的。因此，我們不要成爲審查自己想法的監視者，而是要預備好器皿來盛裝內在產生的各種想法。雖然我們無法一一篩選裝進器皿裡的內容物，但可以加深器皿的深度，也能將器皿修得更牢固，這些都是自己的責任。

成為自己故事的作者和讀者

如果總是活得像小說裡的主角

爲了盛裝自己心中浮現的各樣情緒和想法，爲了不陷入討厭的情緒和想法而掙扎不已，我們需要養成退一步觀察自己的態度。我們是自己人生敘事的小說主角。冷不妨地誕生到世上，毫無預警地遭遇難關，受到傷害和挫折，在學習中持續成長。小說裡的主角根據劇本的脈絡，迎接自己的命運。故事結束之前，他都不會知道自

己為什麼走到這裡，也不知道翻到下一頁時，自己會變得怎麼樣。另外，他也不太清楚自己周遭的人物發生了什麼事，而他們又各自帶著什麼樣的想法和意圖。

主角不知道自己當下的處境，此刻的痛苦和悲傷，只不過是整個故事中的一個片段，也不知道他正在按照作家的意思行動。因此，你如果過得像小說中的主角，就會不時經歷強烈的情緒和想法，然後每次都以為那就是全部，很容易被牽著走。

你人生的主角當然是你自己。你等於是一邊過生活，一邊持續完成專屬於你的人生故事。不過，你不只是主角，你也是這部小說的作家，同時亦是讀者。雖然是作家，但你並非全知全能，無法隨心所欲地編撰故事。實際上，眞正的小說家也沒辦法總是按照自己的心意發展故事情節。因為需要考慮到所有登場人物之間的關係，還要考慮讀者的反應或編輯的意見，以及時間、費用等現實的條件。不過，雖然細節上的設定可能稍有不同，但創作這個故事的主體依然是作家。就像這樣，你是創造自己人生的主體，而且主導權也在你身上，你可以根據自己想完成的人生故事來決定發展的方向。

另外，你人生中的其他登場人物，雖然是你故事中的配角，但他們同時也是各自故事的主角及作家。因此，你當然無法隨心所欲地控制所有登場人物，因為他們正按照自己的意志編寫他們的故事。

你自己也是正在閱讀你人生故事的讀者。讀者知道主角此刻所經歷的事情，只是整體故事的其中一部分。讀者正看著主角當下思考的內容和感受到的情緒，同時也能一併瞭解周遭人物的狀況。讀者正用比小說主角還要寬闊的視野在注視故事發展的脈絡。

退一步看自己

面對人生中發生的種種事件，我們是要束手無策地被拖著走，淪為悲劇的主角，還是要成為作家和讀者，一起撰寫人生故事？為了成為自己人生的作家和讀者，需要具備心智化（mentalization）和正念（mindfulness）的能力。所謂的心智化，是指在現實中往後退一步，從底層精神狀態的觀點出發來給予回應。我們每個人都有

「內心」，而這個內心會調和從外部來的經驗。

看到杯裡有半杯水時，你的反應是「只剩半杯水耶」還是「還有半杯水耶」，這都取決於你的內心。人類擁有自己的內心，所以能夠利用心智化來詮釋自己遭遇的經驗。元曉大師發現他在半夜裡喝起來特別香甜的水，竟然是骸骨裡的積水時，不禁嘔吐了出來，並因此體會到一切皆出於己心，這就是心智化的範例。心智化是一種內省能力，指人們藉由思考和反省來整合自己經驗的態度。

利用心智化來內省

心智化的能力——「你有你的內心，我有我的內心，內心可能會影響經驗」關於這樣的信念，有很大部分是依賴生命早期所經驗的依附關係的品質。在良好的依附關係中，照顧者會藉由回應孩子的內心，來讓孩子感受到你我雙方的內心雖然是分開的（separated），但又是連結（related）在一起的，會互相影響。那麼，沒經驗過良好的依附關係的人該怎麼辦？難道一輩子都沒辦法觸碰到自己的內心，也沒辦法觸碰到其他人的內心嗎？

人類的驚奇之處在於，就連自己生命早期所經驗的依附關係，也可以從心智化的觀點來進行整合和分析。雖然沒辦法改變過去的經驗，但是可以改變我們看待過去經驗的態度。自己的經驗有什麼樣的含義，是源自於什麼樣的脈絡，帶給自己什麼樣的影響，哪些部分是自己的責任，而哪些部分又是超出自己控制範圍的他人的責任，藉由體會這些，我們可以讓定型於過去某個時間點的經驗，找到新的方向而開始流動。

過去你和父母如何互動，父母爲什麼不得不那麼做，當初的你經歷了什麼樣的事情，而那個經驗又對你造成什麼影響，爲了擺脫那個影響，你需要的是什麼？透過這類的內省，會製造出變化的機會。過去你只是被自己的命運拖著走，現在將可以主動編寫自己的故事。

經過這些歷程，你會逐漸擺脫早期依附關係所造成的不可抗力的反射性反應，重生爲能主導人生的主角。因此，不需要一直在心裡懷疑：「我不曾從父母那裡得到關愛，還有辦法去愛其他人嗎？」、「我能成爲好的父母嗎？」因爲你和父母不一樣，只要你擁有不同的心態，你也能對自己和他人付出你沒得到過的愛。

利用正念來覺察

若說心智化是藉由聚焦於經驗的內容（content）來進行內省，那麼正念就是留意過程（process）來進行覺察。正念是以「刻意但不批判」的態度，將焦點放在此時這瞬間的經驗上，也就是正視每個當下發生在自己內外部的經驗。

從「刻意」這個詞彙的使用可以明白，正念並非受到潛意識反射作用的牽引，而是隨時有意識地去體會自己當下的感受。另外，藉由「不批判」一詞也能明白，正念不會用某個標準去判斷自己的經驗「是好、是壞、是對還是錯」，而是撇除價值判斷的這個部分，單純去覺察「啊！原來我現在有這樣的想法」、「原來我現在很焦慮」、「原來我現在很寂寞」等等。也就是說，要成爲自己故事的讀者，靜靜地閱讀現在正在發生的種種經驗。

某個女性表示她很常在人們面前臉紅，這讓她非常困擾，當她感覺到臉上的熱氣時，就會丟臉到很想死。每次臉紅時，她就會很在意別人怎麼看待她，有種自己不足又狼狽的模樣全都曝光的感覺。

錯以爲他人看穿自己不堪的內在，正呈現出她界線不明確的問題。其他人可能根本沒注意到她臉紅，就算注意到她臉紅，大概也很難知道她臉紅的理由；就算知道臉紅的理由，其實也不會構成什麼大問題，她腦中也明白這點。

然而，她還是陷入焦慮，在那女人的心中，他人的視線彷彿穿透了界線，強行侵犯她的領域。爲了保護自己免受侵犯，她做出很不自然的舉動，像是避開他人的視線，或是急忙離開位置等。

正念是一種自然且比較不消耗心理能量的處理方式。如果感受到臉部發紅，只需覺察：「喔！現在我的臉正在變紅。」臉變紅就只是變紅而已，那不代表自己是個沒用或是不足的人。這些含義都是那個女人自己賦予的，並非他人給予的解釋。「這只是我自己的想法。」要如此將自己的責任和他人的責任區分開來，然後不做任何的判斷，純粹觀察自己遭遇的經驗。

「如果別人問我爲什麼臉紅怎麼辦？」眞遇到那種狀況時，別捏造出自以爲像樣的回答，實話實說才是最簡單的方法。當你不知道該怎麼說時，講出實際狀況是最好的方法。例如：「不知道耶，我不知不覺就臉紅了。」只要觀察事情的原貌並誠實交代，就不需要說謊，也不需要費力隱藏。

一旦你不再費力控制負面的經驗，就能省下企圖控制經驗時消耗掉的心理能量，內心會變得從容。當你變從容時，就不會那麼緊張，臉紅也很快就會消退。此外，就算沒有消退，也沒有對他人造成困擾，應該寬容看待這件事，只需想「這是我的特徵」、「我的皮膚比較敏感」。

我有自己的道路

心智化和正念的共通點就是在面對經驗時往後退一步。不把自己關在經驗中，受經驗擺佈，而是與經驗保持距離，覺察它本來的樣貌，並內省其中的意義。覺察和內省能使你變得從容，在下一個階段爲自己做出選擇。

從某個角度來看，像這樣拉開距離，其實是與人的本能完全相反的精神作用。人的情緒和想法大多容易往負面的方向流動。以進化的角度來看，關注負面的事件有助於預防危險發生，所以能提高生存率。但是心智化和正念並不會停留在對經驗的本能反射（reaction），而是刻意選擇有責任感（responsibility）的回應（response）。雖然這種態度需要對自己的人生承擔更大的責任，但責任越重，我們就越能享受自由，度過自己想要的人生。

聽說歌手楊姬銀將「就這樣吧」和「這也是有可能的」看作自己人生的座右銘。她不讓自己被面對人生的悲觀和冷漠吞食，而是想著我的內心可能如此，他人的內心也可能如此，站在適當的距離注視內心，然後行走自己的道路。我想在「就這樣吧」和「這也是有可能的」這兩句話當中，或許蘊含著忠實走過這條路的人，對生活的熱愛和從容吧！

我的內在世界有許多想法正在消長。
不可能一一審查那些想法，
將不好的過濾掉，只留下好的。
因此，我們不要審查想法，
而是要預備好器皿，
來盛裝我們內在產生的各種想法。

後記
做到這樣還算不錯

我是在內心非常煎熬的時候開始寫這本書的。那陣子要做的事很多，卻沒有幾件事如意，而且明明就很努力做了，大家卻彷彿都在批評我應該要做得更好。為了處理該做的事而耗盡所有時間和能量後，絲毫沒辦法再為自己做些什麼，「這樣下去我撐不了多久。」當我產生這樣的想法時，決定把一些辛苦堅持過來的事情整理掉。過去我一直認為不管什麼事情都要咬緊牙關做到最好，但那時我似乎開始體會到，我並沒辦法全部都做到最好，而且也沒必要那麼做。

「別人過得比我還勤勞，我又沒做多少就在抱怨。」雖然這種自我批判的聲音不時會跑出來，但我還是安慰自己：「別人是別人，我是我。考慮到我的處境、體力和能量，這已經是我盡力的結果了。」直到那時，我才終於能放下與他人比較的心情，開始思考自己是什麼樣的人，自己的界限又在哪裡。之後我又決心多挪一些時間給想做的事，而不是全都投資在要做的事情上。我利用爲了想做的事而空下的時間來撰寫這本書，因此才得以回顧我爲什麼學習心理學，過去的經驗又帶給了我什麼樣的感受。

關於是否要出版這本書，我煩惱了許久。這本書爲讀者指引了某一個方向，那是我爲了解開人生的謎題，透過至今爲止累積的經驗所尋找到的結果，但這不是完美的標準答案，而且也可能有人和我抱持不同的想法，甚至對某些人來說這方向不見得適合，再加上我自己也沒有將腦袋中理解的內容全部都付諸實現。

這麼看來，在現實中的我依舊是一個不足的人，還跟不上我寫的文字，遠遠落在後方。這只是在記錄我自己的決心：「就朝這個方向努力看看吧！」未來的某一天，這個決心有可能會改變，或者我也有可能找到其他的方向。因此，希望大家在閱讀這本書時，不要把書中的訊息看得太死板，覺得「一定要這麼做！」希望這本書能在你經歷相似主題的困難時，成爲另一個選項，就像是「原來也可以從這個觀點來看啊！」之類的領悟。

過去卽使不完美，卻依然持續追求著完美，而且也耗費了太多能量在爲不順心的事情感到挫折。我正努力在接受——不可能所有的事情都做得很好、不可能獲得所有人的稱讚、是人都有可能犯錯、難免會被某個人討厭、可能會得不到想要的東西等等。

撰寫這本書的過程，對我來說是一趟發現自己、安慰自己的旅程。因此，我決定稍微放下在本書結尾時感受到遺憾，告訴自己做到這樣還算不錯。希望閱讀本書的各位，都能鼓勵一路以來付出辛勞的自己，逐漸發掘更多讓你覺得「自己做到這樣還算不錯」的時刻。

參考文獻

- 李符永（2021）《影子：我內心中的黑暗同伴》／한길사（HANGILSA）
- 樹木希林（2019）《離開時，以我喜歡的樣子》
- 尼爾・雅各布森（Neil S. Jacobson）與安德魯・克莉史汀森（Andrew Christensen）（2004）《婚姻治療法》
- 丹尼爾・吉伯特（Daniel Gilbert）（2006）《快樂爲什麼不幸福？》
- 丹尼爾・康納曼（Daniel Kahneman）與安格斯・迪頓（Angus Deaton）（2010）〈High income improves evaluation of life but not emotional well-being〉Psychological and Cognitive Sciences。107(38), 16489-16493

- 大衛・李肯（David Lykken）與奧克・特勒根（Auke Tellegen）（1996）〈Happiness is a Stochastic Phenomenon〉Psychological Science, 7(3), 186-189
- 大衛・沃林（DAVID WALLIN）（2010）《依附與心理治療》（*Attachment in psychotherapy*））
- 唐諾・溫尼考特（Donald Winnicott）（2009）《遊戲與現實》
- 羅伊・鮑邁斯特（Roy Baumeister）（1992）《暗戀的兩張面孔》（*Breaking Hearts: The Two Sides of Unrequited Love*）
- 范德瓦耳斯（Waals, H. G. van der）（1965）〈Problems of Narcissism〉Bulletin of the Menninger Clinic, 29(6), 293-311
- 蘇珊娜・弗洛雷斯（Suzana Flores）（2021）《臉書的心理學》（*Facehooked: How Facebook Affects Our Emotions, Relationships, and Lives*）
- 史蒂文・海耶斯（Steven Hayes）與斯賓塞・史密斯（Spencer Smith）（2005）《走出內心，走入生活》（*Get Out of Your Mind and Into Your*

Life）

- 奧圖・克恩伯格（Otto Kernberg）（1998）《男女關係的愛與攻擊性》（*Love Relations: Normality and Pathology*）
- 詹姆斯・霍利斯（James Hollis）（1993）《到了四十歲，我還不知道我是誰》（*The Middle Passage: From Misery to Meaning in Midlife*）
- 傑佛瑞・楊（Jeffrey Young）等共三人（2003）《基模治療》（*Schema Therapy: A Practitioner's Guide*）
- 鍾妮斯・韋伯（Jonice Webb）（2018）《童年情感忽視‥為何我們總是渴望親密，卻又難以承受?‧》
- 喬迪・奎伊德巴赫（Jordi Quoidbach）等人（2010）〈MoneyGiveth,Money TakethAway:The Dual Effect of Wealth on Happiness〉, Psychological Science, , 21(6), 759-763
- 弗雷澤・博阿（Fraser Boa）（2018）《榮格學派夢的解析》（*The Way of the Dream*）

- 菲力普・弗洛雷斯（Philip Flores）（2010）《依附障礙的中毒》（*Addiction as an Attachment Disorder*）
- 海姆・吉諾特（Haim G. Ginott）等人（2003）《父母與孩子之間》（*Between Parent and Child: The Bestselling Classic That Revolutionized Parent-Child Communication*）

self-help

S self-help

沒有離不開的關係

떠날 수 없는 관계는 없습니다

作　　　者　林雅永
譯　　　者　張雅眉
封 面 設 計　鄭婷之
內 文 排 版　許貴華
行 銷 企 劃　蔡雨庭・黃安汝
出版一部總編輯　紀欣怡

出　版　者　境好出版事業有限公司
發　　　行　采實文化事業股份有限公司
業 務 發 行　張世明・林踏欣・林坤蓉・王貞玉
國 際 版 權　施維真
印 務 採 購　曾玉霞
會 計 行 政　李韶婉・許俽瑀・張婕莛
法 律 顧 問　第一國際法律事務所　余淑杏律師
電 子 信 箱　acme@acmebook.com.tw
采 實 官 網　www.acmebook.com.tw
采 實 臉 書　www.facebook.com/acmebook01

I S B N　978-626-7357-06-4
定　　　價　380元
初 版 一 刷　2024年1月
劃 撥 帳 號　50148859
劃 撥 戶 名　采實文化事業股份有限公司
104台北市中山區南京東路二段95號9樓
電話：(02)2511-9798　傳真：(02)2571-3298

國家圖書館出版品預行編目資料

沒有離不開的關係 / 雅永著 ; 張雅眉譯 . -- 初版 . -- 臺北市 : 境好出版事業有限公司出版 : 采實文化事業股份有限公司發行 , 2024.01
面 ;　公分 . -- (self-help)
譯自 : 떠날 수 없는 관계는 없습니다
ISBN 978-626-7357-06-4(平裝)
1.CST: 應用心理學 2.CST: 人際關係

177.3　　112020512

境好出版 JingHao Publishing　采實出版集團 ACME PUBLISHING GROUP